幼儿园足球实操手册

（希望篇）

蔡向阳　主编

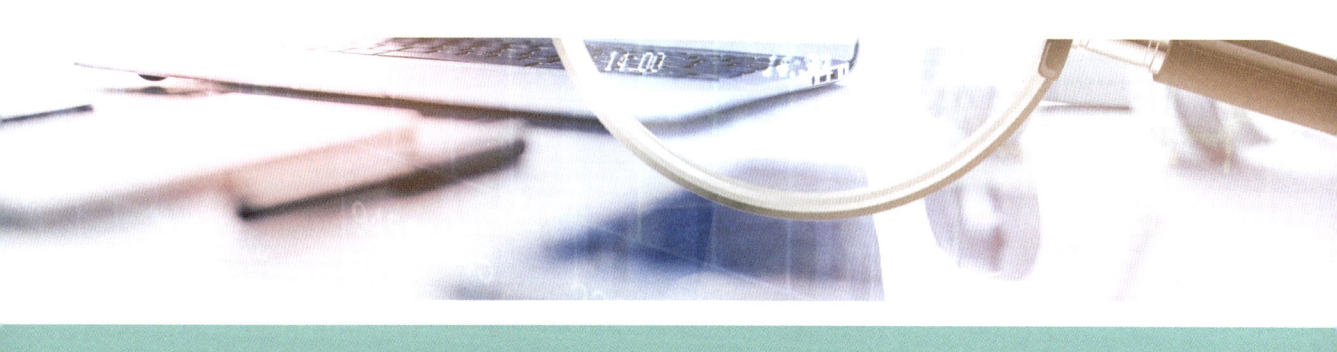

人民体育出版社

图书在版编目（CIP）数据

幼儿园足球实操手册. 希望篇 / 蔡向阳主编. -- 北京：人民体育出版社，2021（2023.5重印）
ISBN 978-7-5009-6071-3

Ⅰ.①幼… Ⅱ.①蔡… Ⅲ.①足球运动—学前教育—教学参考资料 Ⅳ.①G613.7

中国版本图书馆CIP数据核字(2021)第174687号

*

人 民 体 育 出 版 社 出 版 发 行
上海盛通时代印刷有限公司印刷
新 华 书 店 经 销

*

787×1092　16开本　15印张　380千字
2021年10月第1版　2023年5月第2次印刷
印数：1,501—2,300册

*

ISBN 978-7-5009-6071-3
定价：79.00元

社址：北京市东城区体育馆路8号（天坛公园东门）
电话：67151482（发行部）　　　邮编：100061
传真：67151483　　　　　　　　邮购：67118491
网址：www.psphpress.com
（购买本社图书，如遇有缺损页可与邮购部联系）

编 委 会

（派迪茵校园足球课题组）

主　　　编：蔡向阳（福建师范大学）

执行副主编：郝文鑫（福建师范大学）

副　主　编：蔡　诚（福建体育职业技术学院）

　　　　　　李　斌（福建师范大学）

　　　　　　李偲劼（荷兰奈耶诺德商学院）

编　　　委：李守江（福建中医药大学）

　　　　　　王发振（福建船政交通职业学院）

　　　　　　李　进（福建商学院）

　　　　　　姜　哲（福建师范大学）

　　　　　　王　旭（福建师范大学）

　　　　　　邹海伦（英国爱丁堡大学）

　　　　　　伊　超（福建船政交通职业学院）

　　　　　　刘　洋（福建技术师范学院）

　　　　　　时　良（福州职业技术学院）

　　　　　　刘文鑫（瑞金市第三中学）

　　　　　　沈国征（山西师范大学）

· 希望篇 ·

引言 /Preface

维姆·卡泽尔

运动心理学家团队——
思格耶德心智发展机构
首席执行官
哈咘哈咘运动启蒙系统
联合创始人

　　孩童时代，我喜欢参加各种类型的体育运动。通过学校开设的体育课程，我们掌握了基本体育技能，了解了多种不同的体育项目。这些课程包括游泳、篮球和排球，当然还有荷兰最流行的足球。我成为当地足球队的成员，并梦想成为我最喜爱的足球俱乐部——阿贾克斯足球俱乐部的球员。我踢的位置是前锋，在比赛中踢进过很多球。但是，我的足球天赋还不足以让我加入我最喜爱的球队。尽管如此，拥有伟大的梦想仍然不失为一件好事。作为一名运动心理学家，我为阿贾克斯俱乐部效力多年，在那里我遇见了一些全球闻名的足球运动员，并和他们一起工作，包括路易斯·苏亚雷斯和马尔科·范巴斯滕。

　　为什么我如此喜爱体育运动呢？答案很简单：体育运动充满了乐趣，还能通过体育运动培养自己的多种技能，无论是体力还是脑力。我的身体健康水平不断提高，肢体更加柔韧灵活，心理素质也得到了提升。

　　除此之外，通过运动，我还学习了一些对我的余生来说重要的课程，掌握了解决问题的特殊技能。我坚信，孩子们通过在比赛中和对手竞争，获悉了在压力下如何表现，赢得了自信，知道如何集中精力，处理情绪问题。近期的研究表明，他们甚至提高了智力水平，在学校中获得了更高的学习成绩。

　　本书的主旨是教会孩子如何踢足球以及让他们爱上足球，意识到运动的重要性。足球运动在我的国家——荷兰占据非常重要的地位。我们拥有一些开设成功的俱乐部，比如阿贾克斯、费耶诺德和PSV埃因霍温，我们的国家队也在不同的世界级比赛中获得了优异的成绩。足球运动会带给孩子无尽的乐趣。我认为，参与足球运动对于孩子来说是一项新鲜的挑战，孩子将通过足球运动快速得到成长。足球也是一种社交运动。孩子为自己的足球队而战，从中学会了如何和其他球员合作，并交到了不少朋友。

　　本书中，我们将详细地引导大家学习幼儿足球培训。我的同事雷姆科·库普梅内斯设计了大量基本训练以及专项训练。雷姆科是一名著名的体育教练，也是位足球父亲。他的两个孩子都是荷兰足球界的职业球员。

　　我希望你们能够让越来越多的中国孩子爱上足球，爱上运动。

维姆·卡泽尔
荷兰奥委会运动心理总教练
运动心理学家
荷兰阿姆斯特丹

01 研发背景

哈咘哈咘介绍 ... 2
主编简介 ... 3
荷兰研发团队介绍 ... 4

02 理论背景

体系目标 ... 6
科学依据 ... 7

03 课程实操

哈咘哈咘幼儿园足球实操课 ... 14
课程结构 ... 16
教案示例 ... 20

04 游戏库

主题一 灵敏能力
过桥 ... 86
夺宝大战 ... 88
绕弯 ... 90

主题二 平衡能力
单脚跳跃过河 ... 92
123木头人 ... 94
攻守城堡 ... 96

主题三 协调能力
到湖中心 ... 98
小猴摘桃 ... 100
小鹿乱撞 ... 102

主题四 速度能力
狼羊大战 ... 104
跑起来 ... 106
与时间竞赛 ... 108

主题五 爆发能力
巧巧虎 ... 110
爆发小宇宙 ... 112
袋鼠跨栏 ... 114

主题六 反应能力
乌龟回家 ... 116
小绵羊与大灰狼 ... 118
数字方块 ... 120

主题七 综合体适能
乘胜追击 ... 122
保卫家园 ... 124
木偶提线 ... 126
摆脱影子 ... 128
冰淇淋大作战 ... 130
全速前进 ... 132
海底总动员 ... 134

我们是灵活小能手 —— 136
翻山越岭 —— 138
太空大战 —— 140
猫捉老鼠 —— 142

主题八 控球能力
跳圈运粮 —— 144
寻找字母 —— 146
自由口令 —— 148
进阶交通灯 —— 150
瞄准宝物 —— 152
神奇宝贝 —— 154
精灵狗搬骨头 —— 156
开阔区域红绿灯 —— 158
运球过河 —— 160

主题九 传球能力
动态传接球 —— 162
抢圈游戏 —— 164
你传我接 —— 166
精准传球 —— 168
穿越火线 —— 170
面对面螃蟹绕圈 —— 172
勇往直前 —— 174
方格接力 —— 176
穿山洞 —— 178

主题十 停球能力
饥饿河马 —— 180
口令停球 —— 182
"挺"过球门 —— 184

抢凳子 —— 186
珍宝岛 —— 188

主题十一 射门能力
气球大战 —— 190
发射火箭 —— 192
越过山丘 —— 194
毛毛虫钻洞洞 —— 196
穿越丛林 —— 198
射门得分 —— 200
神奇保龄球 —— 202
时光隧道 —— 204

主题十二 足球综合能力
袋鼠宝宝 —— 206
蚂蚁搬家 —— 208
赶小猪 —— 210
看颜色抢球 —— 212
火炬传递赛 —— 214
躲避老鹰 —— 216
无人岛开发 —— 218
摆脱狐狸 —— 220

05 附录

附录1 教案示例 —— 224
附录2 游戏库索引 —— 225
附录3 器材库 —— 226
参考文献 —— 228

01 研发背景
R&D BACKGROUND

幼儿园足球实操手册

哈咘哈咘介绍

哈咘哈咘（Hup! Hup!）荷兰运动启蒙为派迪茵携手荷兰运动心理学家团队思格耶德心智发展机构与荷兰百年俱乐部斯堡格共同研发的"运动启蒙系统"，专注于3~12岁儿童运动培训服务。

2019年与福建师范大学成立幼儿足球实操课题组，其专家团队以原系统为基础，结合体适能、运动心理学，以更符合中国幼儿体质为目标，升级成为具有教学实操意义的2.0版"运动启蒙系统"。以足球等团体运动为载体，促进IEM全商启蒙，帮助孩子在锻炼体能的同时增强心理素质，亦培养团队协作能力。最重要的是，培养孩子健康的生活方式，有益于孩子的一生。

经过中外专家团队共同迭代的2.0版"运动启蒙系统"，包含IEM全商测试，高坪效幼儿运动场设备，国家认证广东体能协会幼儿体能、足球体能师资培训与幼儿足球实操手册等。通过完善的教学系统、全面的教学配套、简洁明了的实操系统，赋能幼儿园及幼教机构，让更多的孩子获得高品质、系统化的教育与服务。

主编简介

蔡向阳教授简介

福建师范大学体育科学学院中意国际合作办学首席专家

教育部校园足球专家委员会科研工作组副组长

中国大学生体协足球分会副主席

中国大学生体育协会校园足球竞赛工作委员会主任

全国高校足球方向研究生导师协作委员会秘书长

全国高等学校体育教育本科专业主干课《球类运动——足球》教材主编

中国足球协会超级联赛比赛监督

荷兰研发团队介绍

维姆·卡泽尔

运动心理学家团队——思格耶德心智发展机构首席执行官
哈咘哈咘运动启蒙系统联合创始人

维姆·卡泽尔为荷兰运动心理学家,是荷兰运动心理学界领军人物。

现任荷兰阿姆斯特丹大学运动心理学系教授(博士),阿纳姆-奈梅亨大学运动心理学讲师。曾连续 7 年担任荷兰著名足球俱乐部阿贾克斯运动心理总教练。

著名球星路易斯·苏亚雷斯,马尔科·范巴斯滕的运动心理教练。于 2015 负责哈咘哈咘运动启蒙系统中心理课程研发。

雷姆科·库普梅内斯

◎ 荷兰运动心理学家团队——思格耶德心智发展机构联合创始人,荷兰阿姆斯特丹应用科技大学运动心理学教授,阿贾克斯运动心理学教练;
◎ 哈咘哈咘运动启蒙系统撰写人。

黄厚源

◎ 荷兰运动心理学家团队——思格耶德心智发展机构成员,幼儿体能培训师;
◎ 哈咘哈咘运动启蒙系统体能游戏设计师。

沙尔达·南德拉姆

◎ 荷兰运动心理学家团队——思格耶德心智发展机构联合创始人,荷兰奈耶诺德商学院心理学教授;
◎ 哈咘哈咘运动启蒙系统儿童心理课程研发负责人。

雅拉·里迪克

◎ 荷兰运动心理学家团队——思格耶德心智发展机构成员,荷兰阿纳姆应用科技大学运动肢体学讲师;
◎ 哈咘哈咘运动启蒙系统运动故事设计师;
◎ 哈咘哈咘运动启蒙系统肢体训练课程研发负责人。

02

理论背景
THEORETICAL BACKGROUND

幼儿园足球
实操手册

 HUP!HUP!

体系目标

◆ **增强身体素质，提高体适能**

促进肌肉发育：课程活动可以给儿童带来一定的运动量。进行课程活动时，全身的血液循环加快，新陈代谢更加旺盛，全身肌肉因运动变得更加结实。

促进骨骼发育：课程活动会刺激骨膜的反作用，使骨骼的发育更加旺盛，从而使骨骼更加坚固。

促进器官发育：课程活动能调动起全身的主要器官，使器官代谢更加旺盛，器官功能成长更加迅速。

◆ **刺激感觉神经，促进大脑发育**

促进神经系统的成长：课程活动带给孩子身体一种适度的刺激，活化全身的组织与神经系统，使其更早地完善。

提高儿童情商：课程活动是团体课程，孩子在团体活动中获得喜悦，从而养成开朗、广交朋友的性格。

开发大脑，加速智力发育：课程活动不断刺激神经中枢系统与大脑，增加大脑皮质的活跃度，提高大脑活动频率，使大脑更加发达。

◆ **调节身体，养成良好习惯**

矫正儿童体态：课程活动对儿童体态有一定的调节作用，运动中强化儿童的肌肉组织，使其更容易支撑起儿童的骨骼，获得更好的体态。

培养良好的运动习惯：课程活动可使儿童养成活动前做准备运动的习惯，保持运动的节奏，减少受伤的概率。

提升儿童整体健康水平：儿童通过体适能课程不仅提高了身体素质与智力，还能提高其自身的体适能商，使其更从容地面对日常生活。

 **科学依据**

一、幼儿（3~6 岁）不同年龄段的生理发展特点

运动系统：

①骨骼、关节和肌肉皆非常稚嫩，使骨骼承受压力和肌肉拉力的功能比成人差，可塑性强，在身体姿势长期处于不良情况下或者长时间过度负荷的情况下易变形；

②运动器官尚未成熟，肌肉纤细柔弱，关节的牢固性差，易损伤和脱位；

③儿童脊柱的生理弯曲度较成人小，缓冲作用较差，不宜在坚硬的地面上反复进行跳跃活动，同时由于韧带和肌肉等结构弱，若负荷和姿态不合理，容易造成脊柱和足弓等畸形；

④骨骼和肌肉的结构与功能尚不能承受过大负荷，此阶段肌肉力量的增加主要是依靠神经肌肉协调控制，而不是肌肉体积增大或数量增加。

呼吸系统：

①呼吸道短而窄，呼吸黏膜薄而血管较多，肺泡数目和肺泡壁的弹性纤维均较少，致使其吸氧能力低，肺泡容积小；

②胸廓窄小、呼吸肌功能不完善、肺容积较小，故只能做浅表呼吸，呼吸频率快，呼吸频率增加极易造成呼吸系统疲劳，儿童少年的运动训练应严格控制运动负荷量，运动的持续时间不宜过长；

③运动以腹式呼吸为主，肺活量小、呼吸储备能力差，在缺氧时会因代偿能力不足而易出现呼吸功能不全的现象。

心血管系统：

①心脏各腔室发育不完善、心壁薄弱、心肌收缩力差，如幼儿期，左右心室壁的厚度几乎相等，心肌纤维交织较松、弹性纤维很少；

②心率快、每搏输出量小，因为迷走神经对心脏收缩的抑制能力不足，儿童稍做剧烈运动，心率会明显增加；

③儿童的动脉血管口径较大、壁薄、弹性差，但在单位时间内流向某一器官的血流量比成人多，因而可供给组织的血液充分，对其生长发育和疲劳的消除皆具有良好作用。

二、幼儿（3~6 岁）不同年龄段足球动作能力发展特点

3~4 岁：

①踩球：能用单脚踩足球，但踩球时间有限（<3 秒），踩球的同时不能保持平衡，不能完成双脚交替踩球；

②运球：不能控制运球方向，双脚不能控制足球或勉强控制足球；

③脚踢球：不能完成摆腿踢球动作，仅能靠身体惯性将球踢出；

④手抛球：双手抛球后无法接住，或能勉强接住，但不能完成连续抛球动作。

4~5 岁：

①踩球：能用双脚交替踩球，单脚踩球的时间逐渐增加（>10 秒）；

②运球：双脚能控制足球，初步控制运球方向，

不能控制运球力度；

③脚踢球：能初步完成摆腿踢球动作，但由于身体协调性不够，踢球的力量较小；

④手抛球：可以完成连续抛球动作。

5~6 岁：

①踩球：能用双脚交替踩球，并踩球前行；

②运球：双脚能控制运球方向，初步能合理使用力量完成对足球的掌控；

③脚踢球：能通过摆腿将球踢出，踢球力量逐渐增大；

④手抛球：可以完成连续抛球动作，球抛起双手击掌后仍能接住球。

三、幼儿（3~6 岁）不同年龄段认知能力发展特点

3~4 岁：

①感知能力：幼儿注意力非常不稳定，容易在外界事物的影响下改变事物的目标；

②语言能力：此阶段为语言表达能力不够完整，但处在语言培养的快速上升期；

③思维能力：以跳跃式思维为主，很难理解游戏规则。

4~5 岁：

①感知能力：注意力范围扩大，但仍有局限，如听课时不能注意到所有的视觉示范信息和听觉信息；

②语言能力：此阶段的语言表达能力相对完整；

③思维能力：在教师的引导下能初步了解游戏规则，能与教师展开思想交流。

5~6 岁：

①感知能力：5 岁以上才能有计划地使用策略；

②语言能力：针对动作无法完成的情况向教师提出问题，能够用语言表达自己的诉求；

③思维能力：能理解教师布置的游戏任务，并运用自己的思维完成。

四、幼儿（3~6 岁）不同年龄段情感与社会性的发展特点

3~4 岁：

①情绪：幼儿注意力非常不稳定，容易在外界事物的影响下改变事物的目标；

②意志：行为还带有明显的冲动性，和其具体形象的思维方式有关；

③社会性：集体游戏以自我为主，独立游戏时不愿等待。

4~5 岁：

①情绪：开始能够解释、预测别人的情绪，表现出一定的情绪理解能力；

②意志：在进行某种活动之前，开始能提出一定的目的、意向和计划，并能坚持一小段时间；

③社会性：集体游戏时以自我为主，独立游戏时有一定的规范。

5~6 岁：

①情绪：具备了移情能力，在觉察他人的情绪反应时体验到与他人相似的情绪反应；

②意志：能有意地抑制一种有诱惑力的欲望，不去做成人不允许的或在当时情景不合适的行为；

③社会性：集体游戏时可以相互分工配合，独立游戏时可做到规范参与。

五、幼儿动作发展特征

动作由一个专门肢体或多肢体组合的行为构成，是技能的组成部分。国际上对于人体"动作"发展的研究较早。国外多位学者相继提出了一系列的动作发展模型，如瑟菲尔特[1]提出的类似梯形的模型，称为动作技能的发展序列模型，以及克拉克和梅特卡夫[2]的动作发展山峰模型等。而我国幼儿身体动作发展的研究还处于起步阶段，对于幼儿动作发展基本规律的研究主要集中在具体的动作能力如跑步动作[3]、投掷动作[4]、协调能力[5]、本体感觉能力和平衡能力与粗

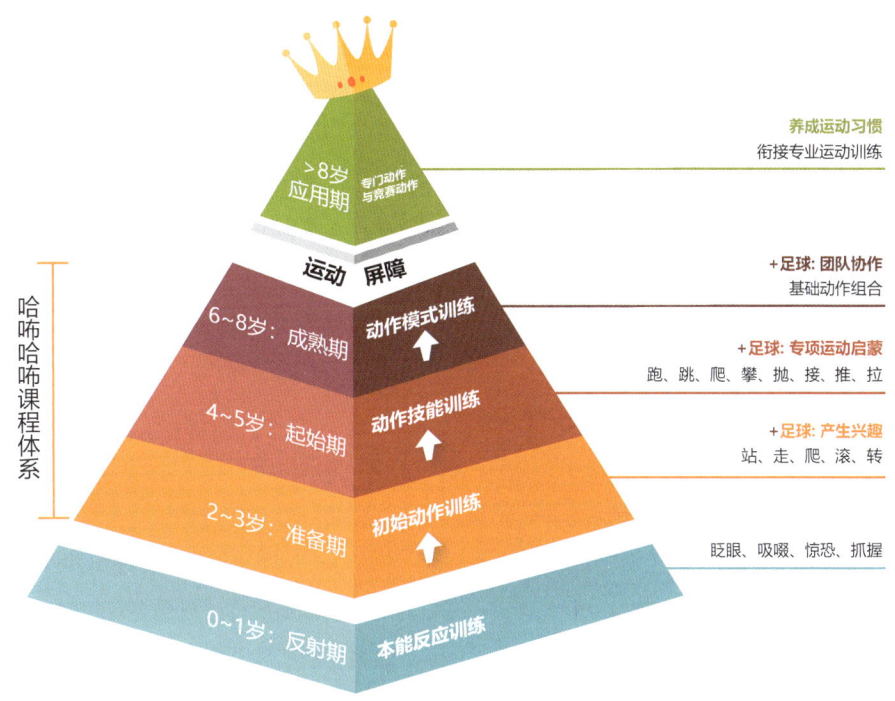

·8岁前需要突破的运动屏障·

大动作发展水平等方面。

1. 动作发展具有一定的序列性

序列性是指特定生理年龄阶段儿童完成基本动作技能时所表现出的一般性发展规律[6]。中国台湾学者许义雄指出，基本动作阶段的初始期在2~3岁，此阶段的特点是幼儿的动作比较粗糙、不协调。进入3~5岁的基础期（这一时期是初始期与成熟期的转换），协调性与节奏感以及动作控制能力迅速发展，此阶段应给幼儿提供足够的练习机会，引导和帮助其形成早期的动作经验，促进基本动作的发展。6~7岁抵达儿童基本动作发展的成熟期，此阶段幼儿的动作模式整合能力不断提高，逐渐形成一个个完整的动作，动作技能不断精准化，动作相互配合能力提高。7岁以后的儿童将进入特殊动作阶段。加拉赫[7]把儿童动作的发展以年龄为顺序归纳为由反射动作、基础动作Ⅰ、基础动作Ⅱ、专门与竞赛动作依次发展的4个阶段，并指出动作发展具有序列性、年龄相关性、积累性3个特征，从早期的反射动作到专门性技能动作，形成了相辅相成的链条，而前一个动作的发展是后一个动作的基础。

2. 动作发展的原则与规律

我国心理学家朱智贤[8]则把人类个体的动作发展序列的规律概括为整分原则、首尾原则和大小原则。整分原则即个体最早对刺激做出的动作反应是整体性的，然后逐渐分化。首尾原则即个体最初发展的是头部的动作，其次是躯干和上肢部分的动作，最后是下肢的动作。大小原则即个体的大肌肉动作先发展起来并发挥重要作用，之后是小肌肉动作的日渐完善。

陈帼眉[9]进一步提出了个体动作发展的另外两条规律。一是近远规律，即婴儿最早获得头和躯干等位于躯体中线上的动作，然后才是离中线稍远的双臂和腿部有规律的动作，最后是肢体末梢手部的精细动作[10]。二是无意动作到有意动作，从先天反射的无意识动作向着有高度控制的技能动作发展[11]。

此外，也有研究表明动作发展与年龄有着较为密切的联系，加拉赫[8]和奥兹曼用"时钟沙漏"描述了动作的发展过程，落到沙漏中的沙子代表影响动作发展的环境和遗传因素，沙子随着时间的发展逐一落到沙漏底部代表了人在一生中动作发展的各阶段，从反射动作到未成熟的动作阶段进入基本动作阶段和专业动作的阶段，还解释了在青年后期和成年早期的沙子倒置回流现象，因为工作、家庭等外界环境的影响，在学习新技能时已掌握的动作技能受到限制。克拉克和梅特卡夫[2]的动作发展山峰模型（The Motor development Mountain）对人一生中动作技能的发展以非线性的方式组织起来，包括了动作发展的过程和结果，为了达到自身动作技能的最大水平，需要在运动过程中不断地完善和发展，但其结果因受到个体约束的影响表现出了因人而异的特点，指出年龄不是动作技能发展的决定因素，其主要影响来源于个体的经验。

综上所述，研究者对不同阶段人类动作发展的梳理，虽然关注点各有侧重，但都反映了动作发展的方向性，这便于我们更好地认识和把握各个阶段的动作特征来实施教学，为进一步深入研究提供基础。

六、幼儿体适能

国务院公办厅于 2019 年 9 月印发的《体育强国建设纲要》，提出"推进幼儿体育发展，完善政策和保障体系；推进幼儿体育项目和幼儿体育器材标准建设，引导建立幼儿体育课程体系和师资培养体系"。首次站在国家战略的高度颁布了关于幼儿体育教育的整体性文件，幼儿体育教育逐渐成为学前教育的重点[12]。早在 2001 年国家就颁布了幼儿体质测试标准，分别将立定跳远、网球掷远、双脚连续跳、10 米折返跑、走平衡木、坐位体前屈共 6 项指标纳入评测指标，用以衡量幼儿体质健康状况[13]。上述测量指标均属于幼儿体适能。幼儿体适能可以增强幼儿的身体素质，促进青少年骨骼、器官发育等，同时，良好的幼儿体适能也能够影响基本动作技能的练习，并为日后幼儿接触专项运动训练奠定良好的基础。

1. 体适能的概念

体适能是指人体有足够的精力从事日常工作而不感到疲倦，并能在业余时间享受休闲活动的乐趣，能够适应紧急情况的能力[14]。在紧急情况下，身体健康的人反应迅速、理性并能够对紧急情况做出快速反应，远离危险。"体适能"也被认为是身体适应生活、锻炼和环境的能力[15]。

2. 体适能的分类

根据美国运动医学协会介绍，体适能包括"健康体适能"和"技能体适能"。

（1）健康体适能（Health-related physical fitness）健康体适能是由有氧耐力、肌肉力量、肌肉耐力、柔韧性和身体成分组成的，这些要素与人体的健康有着密切联系。比如有氧耐力与心脏健康有关，肌肉力量、肌肉耐力和灵活性与背部和脊柱健康有关，身体成分或体脂比例则与肥胖症有关。学校体育以增进学生身心健康为主要目标，因此，发展学生的健康体适能比技能体适能更为重要。

①身体组成成分：指人体各组成部分的百分比。保持身体成分的正常比例对预防糖尿病、高血压、动脉粥样硬化等慢性疾病具有重要意义。

②肌肉力量和肌肉耐力：肌肉力量是肌肉所能产生的最大力量，肌肉耐力是肌肉继续收缩的能力，是身体正常工作的基础。

③心肺耐力：又称有氧耐力，是身体长时间工作的基础，被认为是身体健康体适能最重要的因素。

④柔韧性：指关节的最大活动范围而不感到疼痛。可见保持人体运动能力，预防运动损伤是非常重要的一项措施。心肺耐力适能是心肺循环系统向肌肉输送氧气和营养物质的能力。肌肉适能是一块肌肉或一组肌肉的最大力量。肌肉耐力适能是一块肌肉或肌群可以重复的次数。灵活性适能是肌肉周围组织和多关节的活动范围。身体形态适能是脂肪百分比、腰臀比、

身高和体重指数。

（2）技能体适能（Skill-related Physical Fitness）

包括敏捷能力、平衡性能力、协调性能力、速度素质、肌肉爆发力、反应时间6大要素[16]。

①敏捷能力是身体或身体部分快速移动和快速改变方向的能力。

②平衡能力是身体在静止或移动时保持稳定的能力。

③协调能力是肌肉系统正确、协调、优美的运动，主要体现在人的视觉、听觉、平衡感与熟练的运动技能相结合的能力。

④速度素质是身体快速移动或在最短时间内完成一个动作的能力。

⑤肌肉爆发力是每单位时间内肌肉所做的功来表示肌肉在最短收缩时间内所产生的最大张力。

⑥反应时间是对某些外界刺激做出生理反应的时间。

体适能较好的人在活动中协调、轻盈、灵活、敏捷，动作准确、变化快。这些元素是各种运动形式的基础。拥有良好的体适能除了可以胜任日常活动及工作的负荷外，更重要的是促进身体健康、预防各种慢性疾病，并且能获得高质量的生活。

哈咘哈咘 · 运动启蒙
HUP HUP SPORTS CENTER
专注为 3~12 岁儿童提供科学的运动启蒙培训

03

课程实操
COURSES IMPLEMENTATION

幼儿园足球
实操手册

哈咘哈咘幼儿园足球实操课

　　幼儿园足球实操课是由体适能游戏与足球游戏所结合的一项能帮助幼儿全身心发展的实操课程。课程的组成部分主要包括热身、体适能游戏、足球游戏、分队游戏比赛以及放松部分。其目的是通过融合体适能与足球，在提供给幼儿游戏化课堂的同时，提高幼儿的身体素质，掌握足球的基本技巧与技能。

一、体适能 + 足球，让幼儿高质量地玩起来

1. 体适能游戏是基本动作技能的极佳练习载体

　　幼儿在学龄前阶段最需要发展的是"基本动作技能"，即跑、跳、投、踢等人体运动的基本动作。而体适能游戏为这些基本动作技能提供了极佳的活动载体。

2. 遵循人体动作发展由简单到复杂的基本规律

　　良好的健康体适能（Health-related Physical Fitness）和技能体适能（Skill-related Physical Fitness）的练习，一方面可以增加幼儿的心肺能力，另一方面可以夯实幼儿从事专项运动的基本技能基础。

3. 足球与体适能搭配可以实现有效的互补与递进

　　足球是一项团队运动，可以锻炼幼儿的团队协作能力、领导能力、遵守规则能力等。体适能与足球搭配可以实现功能上的互补。此外，有效的足球启蒙也要建立在充沛体适能的基础上。

二、大班学期计划的设计基础

　　在经过小、中班体适能课堂学习后，幼儿可以掌握粗大动作的技能，可以逐渐从单一的精细动作慢慢过渡到组合动作技能。对比小班与中班，大班的体适能游戏的比例降低，足球游戏的比例上升。确保幼儿在发展足球技能的同时，体适能游戏作为一个必要的板块培养幼儿良好的身体素质，为后续的足球练习奠定基础。

三、体适能游戏用于足球的含义

1. 此时的"足球"理解为"球"

　　注意，除去脚踢球的部分，我们称为足球活动或足球游戏。用手等部位接触的足球实际的定义为"球类游戏"。操作性技能包含投、接、踢、击打，即包含用手与用脚两个部分的操控物体能力。幼儿阶段需要基本动作能力的全面发展，因此，我们不能割裂地只发展用脚的操作性技能。

2. 练习小朋友三维空间的球感

　　基于第一点的学理解释，此时的足球理解为"球"。足球运动不只是在地面进行传递，有一部分动作需要在空中完成停球、传球、射门。由于"抛踢动作"（踢凌空球）对于该阶段的幼儿有一定的难度，因此，有必要先从手等其他身体部分，在三维空间内感受人与球的位置，随后逐渐过渡到"抛踢动作"。

3. 提高对"球"的专注度

　　体适能游戏中涉及用"球"的部分，是为了提高幼儿对于球的注意力。因为球是游戏中最重要的目标，需要使幼儿逐渐明白，他们必须总是把注意力集中在球上，并把球带在身边。在足球游戏比赛中，幼儿还必须在保持盯着球的同时，展现出运动技能。

四、大班游戏化课堂出现的足球基本动作

　　游戏化课堂中出现的一些足球基本动作与特定部位触球均属于幼儿对足球的"球感认知"，而不是"训

练"。早期专项化是指过早地进行专项的训练,这里的"训练"是指反复、单一地重复项目动作。而本课程中的拉球、踩球、传球、射门动作,均为幼儿尝试用自己的脚感知足球,且上述动作均借助于游戏化的形式表现,并未出现重复机械化练习。因此,上述基本动作不应称为训练,幼儿可以在该阶段进行控球部位的感知。

 # 课程结构

◆ 大班课程结构比例单学期计划（上学期）

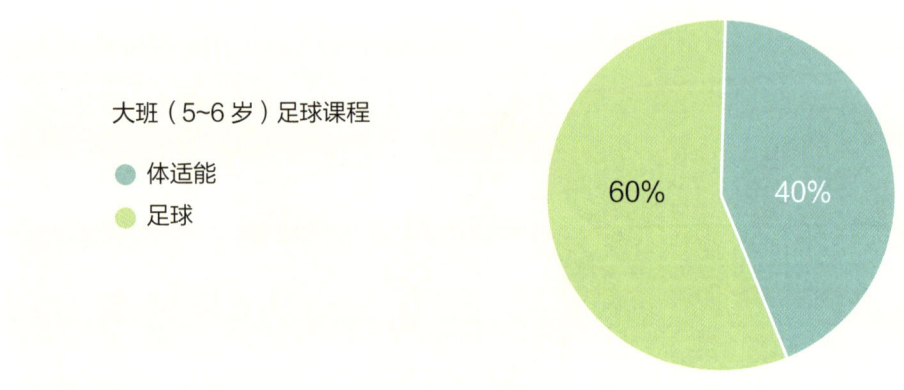

大班（5~6岁）足球课程
- 体适能
- 足球

年龄段	学习时长	周次	能力进阶	主题类别1	主题类别2
大班（上学期）	2课时	第1周	强化阶段【多部位触球】	灵敏能力	控球能力
	2课时	第2周		平衡能力	控球能力
	2课时	第3周		协调能力	控球能力
	2课时	第4周		速度能力	控球能力
	2课时	第5周		爆发力能力	传球能力
	2课时	第6周		反应能力	传球能力
	2课时	第7周		综合体适能	传球能力
	2课时	第8周		综合体适能	传球能力
	2课时	第9周	强化阶段【增加足球练习】	综合体适能	停球能力
	2课时	第10周		控球能力	停球能力
	2课时	第11周		综合体适能	停球能力
	2课时	第12周		控球能力	停球能力
	2课时	第13周		综合体适能	射门能力
	2课时	第14周		传球能力	射门能力
	2课时	第15周		综合体适能	射门能力
	2课时	第16周		传球能力	射门能力

◆ **大班课程结构比例单学期计划（下学期）**

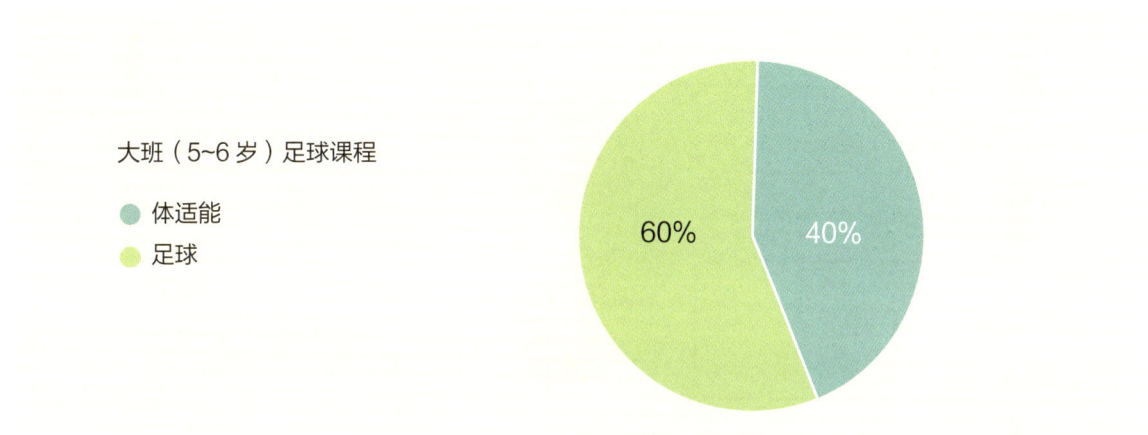

年龄段	学习时长	周次	能力进阶	主题类别1	主题类别2
大班（下学期）	2课时	第1周	衔接阶段【多部位触球+综合体适能】	灵敏能力	控球能力
	2课时	第2周		平衡能力	控球能力
	2课时	第3周		协调能力	传球能力
	2课时	第4周		速度能力	传球能力
	2课时	第5周		爆发力能力	停球能力
	2课时	第6周		反应力能力	停球能力
	2课时	第7周		综合体适能	射门能力
	2课时	第8周		综合体适能	射门能力
	2课时	第9周	衔接阶段【综合足球】	综合体适能	综合足球技能
	2课时	第10周		控球能力	综合足球技能
	2课时	第11周		综合体适能	综合足球技能
	2课时	第12周		传球能力	综合足球技能
	2课时	第13周		综合体适能	综合足球技能
	2课时	第14周		停球能力	综合足球技能
	2课时	第15周		综合体适能	综合足球技能
	2课时	第16周		射门能力	综合足球技能

导览图（授课指引）

```
根据教学周次选择教案（P20~P83）
            ↓
   确认上课时间为 30 分钟或 60 分钟
   ↙                              ↘
30 分钟课堂                      60 分钟课堂
（普及班）                       （兴趣班）
```

第一部分
- 30分钟：课堂准备 + 热身（建议时长 5 分钟）
- 60分钟：课堂准备 + 热身（建议时长 5 分钟）

第二部分
- 30分钟：根据教案的主题类别 1 里面的**建议选择游戏**选择 1 个游戏（建议时长 10 分钟）
- 60分钟：根据教案的主题类别 1 里面的**建议选择游戏**选择 1~2 个游戏（建议时长 20 分钟）

第三部分
- 30分钟：根据教案的主题类别 2 里面的**建议选择游戏**选择 1 个游戏，之后可根据此次选择游戏进行本周分队的**游戏比赛**（建议时长 10 分钟）
- 60分钟：根据教案的主题类别 2 里面的**建议选择游戏**选择 2 个游戏，之后可根据此次选择游戏任选 1 个进行本周分队的**游戏比赛**（建议时长 30 分钟）

第四部分
- 30分钟：放松 + 布置课堂小作业（建议时长 5 分钟）
- 60分钟：放松 + 布置课堂小作业（建议时长 5 分钟）

名词解释：

1. 建议选择："建议选择游戏"是根据教案的教学主题及教学层次的不断递进，推荐给教师使用最符合本阶段进度的课堂游戏。

2. 可选择：教师可根据实际的课堂情况（如课程游戏乏味，学生参与度不高等），对游戏教学内容重新安排，可选取"可选择游戏"中的游戏作为现阶段的教学内容。

3. 分队游戏比赛："分队游戏比赛"不等于传统意义上的"足球比赛"，而是以"游戏化"的形式分队进行游戏比赛。在游戏过程中，通过计算时间、速度、分数等内容，增添课程的趣味性，同时让幼儿对"游戏的胜负"有初步的了解及判断。

哈咘哈咘 · 运动启蒙
HUP HUP SPORTS CENTER

　　上课前，教师可以根据幼儿园足球实操教案填写教案模板〔附录〕，该教案作为一个清晰的上课指引，可以帮助教师更好地完成上课内容。在填写完课程基本信息，教师们可以根据上课的周次，选择对应的教案。根据教案内所选择的游戏，详见"04——游戏库"，填写会使用到的游戏器材。上完课之后，再对本次课程做一次全面复盘。

◆ 步骤1：填写课程基本信息。

班级：	班级人数：	任课教师：

◆ 步骤2：根据教学周次选择教案，并填入空白教案。

教学周次：

教学主题：

教学目标：

部分	时间	内容	游戏组织与课堂要求	教师指导内容
第一部分	5分钟	课堂准备		
第二部分	10分钟	主题类别1		
第三部分	10分钟	主题类别2		
第四部分	5分钟	放松 布置任务		

◆ 步骤3：根据教案所选择的游戏，选择使用器材。

使用器材：

◆ 步骤4：课后总结。

课后总结：

 教案示例

幼儿园足球实操教案
（上学期第一周）

此教案需配套"04——游戏库"使用

教学主题：灵敏能力、控球能力

教学目标：
1. 能够完成有一定难度的灵敏游戏。
2. 能够合理地运用身体保护足球。
3. 在游戏中培养小朋友快速抉择的能力。

部分	时间	内容	课堂组织与游戏组织	教师指导内容
第一部分	5分钟	课堂准备	**课堂组织** **1. 课前准备** 时间：教师提前15分钟到达场地。 器材：提前准备器材，并布置场地（在场地有限的情况下，可先摆放第一个游戏所需的器材）。 **2. 队列要求** 队列：小朋友按教师要求站在指定区域（教师利用标志碟，让小朋友站成一列纵队或两列横队）。 礼仪：教师与小朋友相互问好。 讲解：简单讲解本节课的内容。	1. 与小朋友建立默契。 2. 介绍课堂礼仪规范。 3. 着重练习队列队形。
第二部分	10分钟	主题类别1	**游戏组织** 根据主题类别 灵敏能力 在"04——游戏库"查找游戏 **建议选择：** 【过桥】【绕弯】 **可选择：** 【夺宝大战】	**灵敏素质（概念）：** 是指人体在各种突然变化的条件下，能够迅速、准确、协调、灵活地完成动作的能力，是人各种运动技能和身体素质在运动中的综合表现，是大脑皮质神经活动过程的灵活性及分析综合能力。

（续表）

| 第三部分 | 10分钟 | 主题类别2 | **游戏组织**
根据主题类别 控球能力 在"04——游戏库"查找游戏
1. 足球游戏选择
建议选择：
【开阔区域红绿灯】【精灵狗搬骨头】
可选择：
【自由口令】
2. 本周分队游戏比赛（要点）
小朋友熟悉教师所选择的游戏规则后，结合本周要点将游戏升级为比赛，要点如下：
△要求：将球控制在自己的重心范围之内。
△规则：小朋友得球后，不要急于传球。选择：
（1）做出护球动作，并将球传出。
（2）掌握时机，将球合理传出。
△讲解：出现错误随时中断比赛，讲解问题。
△常见错误：
（1）重心过高：护球时未降低重心，导致重心不稳。
（2）球不在可控范围内：在静止的情况下，球要在小朋友重心可以掌握的范围之内，以便于做动作。带球情况下，不可将球带得太远，力量用得过大。告知小朋友，要合理使用力量。
△奖励：设定奖励计划，提高参与积极性。 | 1.小朋友在推拨球的时候需合理用力。
2.控球时注意观察好周围情况。
3.小朋友可以用脚的不同部位控制足球。 |
| 第四部分 | 5分钟 | 放松
布置任务 | **课堂组织**
1.整理器材：比赛结束后将地上的标志碟、标志筒、分队背心收好。
2.放松身体：所有小朋友到球场中心，围成一圈坐下，跟着教师做静态拉伸放松身体。
3.奖励：布置家庭互动作业，完成互动拍摄视频的小朋友，下周上课可以获得小星星贴纸一枚。
4.礼仪：游戏结束后，教师先说："同学们辛苦了。"然后小朋友手拉手一起齐声说："老师辛苦了！" | 1.教会小朋友课后帮助老师整理器材。
2.介绍运动损伤——拉伤的预防及恢复。
3.学会课后谢谢老师。 |

幼儿园足球实操教案

(上学期第二周)

此教案需配套"04——游戏库"使用				
教学主题：平衡能力、控球能力				
教学目标： 1. 能够完成有一定难度的平衡游戏。 2. 能够在行进中完成多次双脚交替踩球。 3. 在游戏中培养小朋友坚忍不拔的精神。				
部分	时间	内容	课堂组织与游戏组织	教师指导内容
第一部分	5分钟	课堂准备	**课堂组织** **1. 课前准备** 时间：教师提前15分钟到达场地。 器材：提前准备器材，并布置场地（在场地有限的情况下，可先摆放第一个游戏所需的器材）。 **2. 队列要求** 队列：小朋友按教师要求站在指定区域（教师利用标志碟，让小朋友站成一列纵队或两列横队）。 礼仪：教师与小朋友相互问好。 讲解：简单讲解本节课的内容。	1.与小朋友建立默契。 2.介绍课堂礼仪规范。 3.着重练习队列队形。
第二部分	10分钟	主题类别1	**游戏组织** 根据主题类别 平衡能力 在"04——游戏库"查找游戏 **建议选择：** 【123木头人】【攻守城堡】 **可选择：** 【单脚跳跃过河】	**平衡能力（概念）：** 是指抵抗破坏平衡的外力，以保持全身处于稳定状态的能力。发展平衡能力有利于提高运动器官的功能和前庭器官的机能，改善中枢神经系统对肌肉组织与内脏器官的调节功能，保证身体活动的顺利进行，提高适应复杂环境的能力和自我保护的能力。

（续表）

第三部分	10分钟	主题类别2	**游戏组织** 根据主题类别 控球能力 在"04——游戏库"查找游戏 **1. 足球游戏选择** 建议选择： 【自由口令】【寻找字母】 可选择： 【进阶交通灯】 **2. 本周分队游戏比赛（要点）** 小朋友熟悉教师所选择的游戏规则后，结合本周要点将游戏升级为比赛，要点如下： △要求：将球控制在自己的重心范围之内。 △规则：小朋友得球后，不要急于传球，而是选择： （1）做出护球动作，并将球传出。 （2）掌握时机，将球合理传出。 △讲解：出现错误要随时中断比赛，讲解问题。 △常见错误： （1）重心过高：护球时未降低重心，导致重心不稳。 （2）球不在可控范围内：在静止的情况下，球要在小朋友重心可以掌握的范围之内，以便于做动作。带球情况下，不可将球带得太远，力量用得过大。告知小朋友，要合理使用力量。 △奖励：设定奖励计划，提高参与积极性。	1.小朋友在推拨球的时候需合理用力。 2.控球时注意观察好周围情况。 3.小朋友可以用脚的不同部位控制足球。
第四部分	5分钟	放松 布置任务	**课堂组织** **1.整理器材：**比赛结束后将地上的标志碟、标志筒、分队背心收好。 **2.放松身体：**所有小朋友到球场中心，围成一圈坐下，跟着教师做静态拉伸放松身体。 **3.奖励：**布置家庭互动作业，完成互动拍摄视频的小朋友，下周上课可以获得小星星贴纸一枚。 **4.礼仪：**游戏结束后，教师先说："同学们辛苦了。"然后小朋友手拉手一起齐声说："老师辛苦了！"	1.教会小朋友课后帮助老师整理器材。 2.介绍运动损伤——拉伤的预防及恢复。 3.学会课后谢谢老师。

幼儿园足球实操教案

（上学期第三周）

此教案需配套"04——游戏库"使用
教学主题：协调能力、控球能力
教学目标： 1. 能够完成有一定难度的协调游戏。 2. 在游戏比赛中熟练掌握控球动作。 3. 在游戏中培养小朋友遵从指令的能力。

部分	时间	内容	课堂组织与游戏组织	教师指导内容
第一部分	5分钟	课堂准备	**课堂组织** **1. 课前准备** 时间：教师提前15分钟到达场地。 器材：提前准备器材，并布置场地（在场地有限的情况下，可先摆放第一个游戏所需的器材）。 **2. 队列要求** 队列：小朋友按教师要求站在指定区域（教师利用标志碟，让小朋友站成一列纵队或两列横队）。 礼仪：教师与小朋友相互问好。 讲解：简单讲解本节课的内容。	1.引导小朋友熟悉课堂器材。 2.指导小朋友遵从指令。 3.从"老师"变为小朋友的"伙伴"。
第二部分	10分钟	主题类别1	**游戏组织** **根据主题类别 协调能力 在"04——游戏库"查找游戏** 建议选择： 【小鹿乱撞】【小猴摘桃】 可选择： 【到湖中心】	**协调能力（概念）：** 运动协调能力是综合的神经机能能力，其表现形式即是运动协调。人体运动协调能力由反应能力、空间定向能力、本体感知能力、节奏能力、平衡能力及与动作认知有关的能力等多种要素所构成。

（续表）

第三部分	10分钟	主题类别2	**游戏组织** 根据主题类别 控球能力 在"04——游戏库"查找游戏 **1. 足球游戏选择** 建议选择： 【跳圈运粮】【寻找字母】 可选择： 【进阶交通灯】 **2. 本周分队游戏比赛（要点）** 小朋友熟悉教师所选择的游戏规则后，结合本周要点将游戏升级为比赛，要点如下： △要求：将球控制在自己的重心范围之内。 △规则：小朋友得球后，不要急于传球，而是选择： （1）做出护球动作，并将球传出。 （2）掌握时机，将球合理传出。 △讲解：出现错误要随时中断比赛，讲解问题。 △常见错误： （1）重心过高：护球时未降低重心，导致重心不稳。 （2）球不在可控范围内：在静止的情况下，球要在小朋友重心可以掌握的范围之内，以便于做动作。带球情况下，不可将球带得太远，力量用得过大。告知小朋友，要合理使用力量。 △奖励：设定奖励计划，提高参与积极性。	1.小朋友在推拨球的时候需合理用力。 2.控球时注意观察好周围情况。 3.小朋友可以用脚的不同部位控制足球。
第四部分	5分钟	放松 布置任务	**课堂组织** **1.整理器材**：比赛结束后将地上的标志碟、标志筒、分队背心收好。 **2.放松身体**：所有小朋友到球场中心，围成一圈坐下，跟着教师做静态拉伸放松身体。 **3.奖励**：布置家庭互动作业，完成互动拍摄视频的小朋友，下周上课可以获得小星星贴纸一枚。 **4.礼仪**：游戏结束后，教师先说："同学们辛苦了。"然后小朋友手拉手一起齐声说："老师辛苦了！"	1.教会小朋友课后清理游戏场地的垃圾。 2.介绍运动损伤——擦伤的预防及恢复。 3.采用拉伸活动放松身体。

幼儿园足球实操教案

（上学期第四周）

此教案需配套"04——游戏库"使用					
教学主题：速度能力、控球能力					
教学目标： 1. 学会如何在跑动中匀速前进。 2. 能够听从教师的指示快速变换触球位置，以完成控球。 3. 在游戏中培养小朋友协同保护意识。					

部分	时间	内容	课堂组织与游戏组织		教师指导内容
第一部分	5分钟	课堂准备	**课堂组织** **1. 课前准备** 时间：教师提前15分钟到达场地。 器材：提前准备器材，并布置场地（在场地有限的情况下，可先摆放第一个游戏所需的器材）。 **2. 队列要求** 队列：小朋友按教师要求站在指定区域（教师利用标志碟，让小朋友站成一列纵队或两列横队）。 礼仪：教师与小朋友相互问好。 讲解：简单讲解本节课的内容。		1.引导小朋友熟悉课堂器材。 2.指导小朋友遵从指令。 3.从"老师"变为小朋友的"伙伴"。
第二部分	10分钟	主题类别1	**游戏组织** 根据主题类别 速度能力 在"04——游戏库"查找游戏 **建议选择：** 【跑起来】 【狼羊大战】 **可选择：** 【与时间竞赛】		**速度能力：** 速度能力是指人体快速运动的能力，包括反应速度、位移速度、动作速度。

（续表）

第三部分	10分钟	主题类别2	**游戏组织** 根据主题类别 控球能力 在"04——游戏库"查找游戏 **1. 足球游戏选择** 建议选择： 【进阶交通灯】【精灵狗搬骨头】 可选择： 【寻找字母】 **2. 本周分队游戏比赛（要点）** 小朋友熟悉教师所选择的游戏规则后，结合本周要点将游戏升级为比赛，要点如下： △要求：将球控制在自己的重心范围之内。 △规则：小朋友得球后，不要急于传球，而是选择： （1）做出护球动作，并将球传出。 （2）掌握时机，将球合理传出。 △讲解：出现错误要随时中断比赛，讲解问题。 △常见错误： （1）重心过高：护球时未降低重心，导致重心不稳。 （2）球不在可控范围内：在静止的情况下，球要在小朋友重心可以掌握的范围之内，以便于做动作。带球情况下，不可将球带得太远，力量用得过大。告知小朋友，要合理使用力量。 △奖励：设定奖励计划，提高参与积极性。	1.小朋友在推拨球的时候需合理用力。 2.控球时注意观察好周围情况。 3.小朋友可以用脚的不同部位控制足球。
第四部分	5分钟	放松 布置任务	**课堂组织** **1. 整理器材**：比赛结束后将地上的标志碟、标志筒、分队背心收好。 **2. 放松身体**：所有小朋友到球场中心，围成一圈坐下，跟着教师做静态拉伸放松身体。 **3. 奖励**：布置家庭互动作业，完成互动拍摄视频的小朋友，下周上课可以获得小星星贴纸一枚。 **4. 礼仪**：游戏结束后，教师先说："同学们辛苦了。"然后小朋友手拉手一起齐声说："老师辛苦了！"	1.教会小朋友课后清理游戏场地的垃圾。 2.介绍运动损伤——擦伤的预防及恢复。 3.采用拉伸活动放松身体。

幼儿园足球实操教案

（上学期第五周）

此教案需配套"04——游戏库"使用					
教学主题：爆发力能力、传球能力					
教学目标： 1. 学会加强踢球与启动时的爆发力。 2. 在游戏中使用脚内侧传球。 3. 在游戏中培养小朋友协同合作的能力。					
部分	时间	内容	课堂组织与游戏组织		教师指导内容
第一部分	5分钟	课堂准备	**课堂组织** **1. 课前准备** 时间：教师提前15分钟到达场地。 器材：提前准备器材，并布置场地（在场地有限的情况下，可先摆放第一个游戏所需的器材）。 **2. 队列要求** 队列：小朋友按教师要求站在指定区域（教师利用标志碟，让小朋友站成一列纵队或两列横队）。 礼仪：教师与小朋友相互问好。 讲解：简单讲解本节课的内容。		1.引导班级内的小朋友相互熟悉。 2.指导小朋友将随身携带的衣物整齐摆放到固定位置。 3.小朋友与教师相互问好。
第二部分	10分钟	主题类别1	**游戏组织** 根据主题类别 爆发力能力 在"04——游戏库"查找游戏 **建议选择：** 【巧巧虎】【袋鼠跨栏】 **可选择：** 【爆发小宇宙】		**爆发力（概念）：** 爆发力是指在短时间做出最大的功，能在一瞬间爆发出巨大的能量。爆发力实质是指不同的肌肉间的相互协调能力，是力量素质以及速度素质相结合的一项人体体能素质。

-28-

（续表）

第三部分	10分钟	主题类别2	**游戏组织** 根据主题类别 传球能力 在"04——游戏库"查找游戏 **1．足球游戏选择** 建议选择： 【你传我接】 【抢圈游戏】 可选择： 【动态传接球】 **2．本周分队游戏比赛（要点）** 小朋友熟悉教师所选择的游戏规则后，结合本周要点将游戏升级为比赛，要点如下： △要求：比赛中以完成"传球"作为目的。 △规则：比赛中小朋友抢断后，必须经过2次或以上（视熟练度情况而增加次数）的传球才可以射门。 △讲解：比赛中出现错误要及时吹停比赛。 △常见错误： （1）害怕来球：直接将球无目的踢走，未完成传球动作。 （2）未做传球：直接带球向前，没有传球意识。 △奖励：设定奖励计划，提高参与积极性。	1.指导小朋友使用合理的力量传球到位。 2.让小朋友体验不同部位传球。 3.在游戏中培养小朋友的传球能力。
第四部分	5分钟	放松 布置任务	**课堂组织** **1．整理器材**：比赛结束后将地上的标志碟、标志筒、分队背心收好。 **2．放松身体**：所有小朋友到球场中心，围成一圈坐下，跟着教师做静态拉伸放松身体。 **3．奖励**：布置家庭互动作业，完成互动拍摄视频的小朋友，下周上课可以获得小星星贴纸一枚。 **4．礼仪**：游戏结束后，教师先说："同学们辛苦了。"然后小朋友手拉手一起齐声说："老师辛苦了！"	1.引导班级内的小朋友相互帮助。 2.介绍运动损伤——脑震荡的预防及恢复。 3.学会课后谢谢老师。

幼儿园足球实操教案

（上学期第六周）

			此教案需配套"04——游戏库"使用	
\multicolumn{5}{l}{教学主题：反应能力、传球能力}	

教学主题：反应能力、传球能力

教学目标：
1. 能够迅速听懂教师的指令并完成动作。
2. 在游戏中能够灵活使用脚内侧传球。
3. 在游戏中培养小朋友团结协作的意识。

部分	时间	内容	课堂组织与游戏组织	教师指导内容
第一部分	5分钟	课堂准备	**课堂组织** **1. 课前准备** 时间：教师提前15分钟到达场地。 器材：提前准备器材，并布置场地（在场地有限的情况下，可先摆放第一个游戏所需的器材）。 **2. 队列要求** 队列：小朋友按教师要求站在指定区域（教师利用标志碟，让小朋友站成一列纵队或两列横队）。 礼仪：教师与小朋友相互问好。 讲解：简单讲解本节课的内容。	1.引导班级内的小朋友相互熟悉。 2.指导小朋友将随身携带的衣物整齐摆放到固定位置。 3.小朋友与教师相互问好。
第二部分	10分钟	主题类别1	**游戏组织** 根据主题类别 反应能力 在"04——游戏库"查找游戏 建议选择： 【数字方块】 【乌龟回家】 可选择： 【小绵羊与大灰狼】	**反应能力：** 人体对各种刺激做出快速反应的能力。

-30-

（续表）

			游戏组织 根据主题类别 传球能力 在"04——游戏库"查找游戏 **1. 足球游戏选择** **建议选择：** 【你传我接】【动态传接球】 **可选择：** 【穿山洞】 **2. 本周分队游戏比赛（要点）** 小朋友熟悉教师所选择的游戏规则后，结合本周要点将游戏升级为比赛，要点如下： △要求：比赛中以完成"传球"作为目的。 △规则：比赛中小朋友抢断后，必须经过2次或以上（视熟练度情况增加次数）的传球才可以射门。 △讲解：比赛中出现错误要及时吹停比赛。 △常见错误： （1）害怕来球：直接将球无目的踢走，未完成传球动作。 （2）未做传球：直接带球向前，没有传球意识。 △奖励：设定奖励计划，提高参与积极性。	
第三部分	10分钟	主题类别2		1.指导小朋友使用合理的力量传球到位。 2.让小朋友体验不同部位传球。 3.在游戏中培养小朋友的传球能力。
第四部分	5分钟	放松 布置任务	课堂组织 **1.整理器材：** 比赛结束后将地上的标志碟、标志筒、分队背心收好。 **2.放松身体：** 所有小朋友到球场中心，围成一圈坐下，跟着教师做静态拉伸放松身体。 **3.奖励：** 布置家庭互动作业，完成互动拍摄视频的小朋友，下周上课可以获得小星星贴纸一枚。 **4.礼仪：** 游戏结束后，教师先说："同学们辛苦了。"然后小朋友手拉手一起齐声说："老师辛苦了！"	1.引导班级内的小朋友相互帮助。 2.介绍运动损伤——脑震荡的预防及恢复。 3.学会课后谢谢老师。

幼儿园足球实操教案

（上学期第七周）

此教案需配套"04——游戏库"使用					
教学主题：综合体适能、传球能力					
教学目标： 1. 能够使用体适能组合动作完成游戏。 2. 在游戏中结合使用脚背外侧传球与脚内侧传球。 3. 在游戏中培养小朋友良好的竞争意识。					
部分	时间	内容	课堂组织与游戏组织		教师指导内容
第一部分	5分钟	课堂准备	**课堂组织** **1. 课前准备** 时间：教师提前15分钟到达场地。 器材：提前准备器材，并布置场地（在场地有限的情况下，可先摆放第一个游戏所需的器材）。 **2. 队列要求** 队列：小朋友按教师要求站在指定区域（教师利用标志碟，让小朋友站成一列纵队或两列横队）。 礼仪：教师与小朋友相互问好。 讲解：简单讲解本节课的内容。		1.通过身体拉伸活动增进与小朋友的距离。 2.多做肢体示范，少进行语言讲解。 3.将小朋友带入游戏化的情景。
第二部分	10分钟	主题类别1	**游戏组织** 根据主题类别 综合体适能 在"04——游戏库"查找游戏 **建议选择：** 【翻山越岭】 【太空大战】 **可选择：** 【乘胜追击】		快速躲避能力。 基本平衡能力。 团队协作能力。 合作意识。

（续表）

第三部分	10分钟	主题类别2	**游戏组织** 根据主题类别 **传球能力** 在"04——游戏库"查找游戏 **1. 足球游戏选择** **建议选择：** 【动态传接球】【抢圈游戏】 **可选择：** 【方格接力】 **2. 本周分队游戏比赛（要点）** 小朋友熟悉教师所选择的游戏规则后，结合本周要点将游戏升级为比赛，要点如下： △要求：比赛中以完成"传球"作为目的。 △规则：比赛中小朋友抢断后，必须经过2次或以上（视熟练度情况增加次数）的传球才可以射门。 △讲解：比赛中出现错误要及时吹停比赛。 △常见错误： （1）害怕来球：直接将球无目的踢走，未完成传球动作。 （2）未做传球：直接带球向前，没有传球意识。 △奖励：设定奖励计划，提高参与积极性。	1.指导小朋友使用合理的力量传球到位。 2.让小朋友体验不同部位传球。 3.在游戏中培养小朋友的传球能力。
第四部分	5分钟	放松 布置任务	**课堂组织** **1.整理器材**：比赛结束后将地上的标志碟、标志筒、分队背心收好。 **2.放松身体**：所有小朋友到球场中心，围成一圈坐下，跟着教师做静态拉伸放松身体。 **3.奖励**：布置家庭互动作业，完成互动拍摄视频的小朋友，下周上课可以获得小星贴纸一枚。 **4.礼仪**：游戏结束后，教师先说："同学们辛苦了。"然后小朋友手拉手一起齐声说："老师辛苦了！"	1.通过身体拉伸增进与小朋友的距离。 2.介绍运动损伤——扭伤的预防及恢复。 3.布置小朋友的课后作业。

幼儿园足球实操教案

（上学期第八周）

此教案需配套"04——游戏库"使用
教学主题：综合体适能、传球能力
教学目标： 1. 能够使用体适能组合动作完成游戏。 2. 在游戏中可以用教师指定的任意部位传球。 3. 在游戏中培养小朋友保护足球的意识。

部分	时间	内容	课堂组织与游戏组织	教师指导内容
第一部分	5分钟	课堂准备	**课堂组织** **1. 课前准备** 时间：教师提前15分钟到达场地。 器材：提前准备器材，并布置场地（在场地有限的情况下，可先摆放第一个游戏所需的器材）。 **2. 队列要求** 队列：小朋友按教师要求站在指定区域（教师利用标志碟，让小朋友站成一列纵队或两列横队）。 礼仪：教师与小朋友相互问好。 讲解：简单讲解本节课的内容。	1.通过身体拉伸活动增进与小朋友的距离。 2.多做肢体示范，少进行语言讲解。 3.将小朋友带入游戏化的情景。
第二部分	10分钟	主题类别1	**游戏组织** 根据主题类别 综合体适能 在"04——游戏库"查找游戏 建议选择： 【猫捉老鼠】【乘胜追击】 可选择： 【保卫家园】	快速躲避能力。 基本平衡能力。 团队协作能力。 合作意识。

（续表）

第三部分	10分钟	主题类别2	**游戏组织** **根据主题类别 传球能力 在"04——游戏库"查找游戏** **1. 足球游戏选择** **建议选择：** 【精准传球】【方格接力】 **可选择：** 【穿山洞】 **2. 本周分队游戏比赛（要点）** 小朋友熟悉教师所选择的游戏规则后，结合本周要点将游戏升级为比赛，要点如下： △要求：比赛中以完成"传球"作为目的。 △规则：比赛中小朋友抢断后，必须经过2次或以上（视熟练度情况增加次数）的传球才可以射门。 △讲解：比赛中出现错误要及时吹停比赛。 △常见错误： （1）害怕来球：直接将球无目的踢走，未完成传球动作。 （2）未做传球：直接带球向前，没有传球意识。 △奖励：设定奖励计划，提高参与积极性。	1.指导小朋友使用合理的力量传球到位。 2.让小朋友体验不同部位传球。 3.在游戏中培养小朋友的传球能力。
第四部分	5分钟	放松 布置任务	**课堂组织** **1.整理器材**：比赛结束后将地上的标志碟、标志筒、分队背心收好。 **2.放松身体**：所有小朋友到球场中心，围成一圈坐下，跟着教师做静态拉伸放松身体。 **3.奖励**：布置家庭互动作业，完成互动拍摄视频的小朋友，下周上课可以获得小星星贴纸一枚。 **4.礼仪**：游戏结束后，教师先说："同学们辛苦了。"然后小朋友手拉手一起齐声说："老师辛苦了！"	1.通过身体拉伸增进与小朋友的距离。 2.介绍运动损伤——扭伤的预防及恢复。 3.布置小朋友的课后作业。

幼儿园足球实操教案

（上学期第九周）

此教案需配套"04——游戏库"使用
教学主题：综合体适能、停球能力
教学目标： 1. 能够使用体适能组合动作完成游戏。 2. 小朋友可以熟练运用脚内侧停球。 3. 在游戏中培养小朋友协同合作的能力。

部分	时间	内容	课堂组织与游戏组织	教师指导内容
第一部分	5分钟	课堂准备	**课堂组织** **1. 课前准备** 时间：教师提前15分钟到达场地。 器材：提前准备器材，并布置场地（在场地有限的情况下，可先摆放第一个游戏所需的器材）。 **2. 队列要求** 队列：小朋友按教师要求站在指定区域（教师利用标志碟，让小朋友站成一列纵队或两列横队）。 礼仪：教师与小朋友相互问好。 讲解：简单讲解本节课的内容。	1.通过亲昵的肢体动作进一步增进与小朋友间的距离（如击掌、举高高）。 2.让器材成为小朋友的"好伙伴"。 3.逐步养成小朋友的集体合作意识。
第二部分	10分钟	主题类别1	**游戏组织** 根据主题类别 综合体适能 在"04——游戏库"查找游戏 **建议选择：** 【保卫家园】【我们是灵活小能手】 **可选择：** 【乘胜追击】	快速躲避能力。 基本平衡能力。 团队协作能力。 合作意识。

（续表）

第三部分	10分钟	主题类别2	**游戏组织** 根据主题类别 【停球能力】 在"04——游戏库"查找游戏 **1. 足球游戏选择** 建议选择： 【口令停球】 【抢凳子】 可选择： 【"挺"过球门】 **2. 本周分队游戏比赛（要点）** 小朋友熟悉教师所选择的游戏规则后，结合本周要点将游戏升级为游戏比赛，要点如下： △要求：比赛中以（踩球、脚内侧等部位）完成"停球"作为目的。 △规则：比赛中小朋友完成停球后再踢走，或者踢给队友。 △讲解：比赛中出现错误要及时吹停比赛。 △常见错误： （1）方向错误：没有根据对方位置判断停球方向。 （2）未做停球：直接将球踢走，没有停球动作。 （3）没用特定部位停球。 △奖励：设定奖励计划，提高参与积极性。	1. 让小朋友将球停在合适位置。 2. 注意前迎后撤，缓冲来球力量。 3. 脚内侧面积较大，小朋友较为容易掌握。
第四部分	5分钟	放松 布置任务	**课堂组织** **1. 整理器材**：比赛结束后将地上的标志碟、标志筒、分队背心收好。 **2. 放松身体**：所有小朋友到球场中心，围成一圈坐下，跟着教师做静态拉伸放松身体。 **3. 奖励**：布置家庭互动作业，完成互动拍摄视频的小朋友，下周上课可以获得小星星贴纸一枚。 **4. 礼仪**：游戏结束后，教师先说："同学们辛苦了。"然后小朋友手拉手一起齐声说："老师辛苦了！"	1. 通过奖励对小朋友进行鼓励。 2. 介绍身体"抽筋"现象的预防及恢复。 3. 逐步养成小朋友的集体合作意识。

幼儿园足球实操教案

(上学期第十周)

此教案需配套"04——游戏库"使用				
教学主题：控球能力、停球能力				
教学目标： 1. 学会将球控制在身体重心范围内。 2. 小朋友可以熟练运用脚内侧停球。 3. 在游戏中培养小朋友协同合作的能力。				
部分	时间	内容	课堂组织与游戏组织	教师指导内容
第一部分	5分钟	课堂准备	**课堂组织** **1. 课前准备** 时间：教师提前15分钟到达场地。 器材：提前准备器材，并布置场地（在场地有限的情况下，可先摆放第一个游戏所需的器材）。 **2. 队列要求** 队列：小朋友按教师要求站在指定区域（教师利用标志碟，让小朋友站成一列纵队或两列横队）。 礼仪：教师与小朋友相互问好。 讲解：简单讲解本节课的内容。	1.通过亲昵的肢体动作进一步增进与小朋友间的距离（如击掌、举高高）。 2.让器材成为小朋友的"好伙伴"。 3.逐步养成小朋友的集体合作意识。
第二部分	10分钟	主题类别1	**游戏组织：** 根据主题类别 控球能力 在"04——游戏库"查找游戏 **建议选择：** 【寻找字母】【进阶交通灯】 **可选择：** 【精灵狗搬骨头】	1.重心降低，以便迅速启动。 2.让小朋友与球保持合适的距离。 3.脚触球的力度掌握要合适。 4.让小朋友感受不同的控球部位。

（续表）

			游戏组织	
第三部分	10分钟	主题类别2	根据主题类别 停球能力 在"04——游戏库"查找游戏 **1. 足球游戏选择** 建议选择： 【抢凳子】【"挺"过球门】 可选择： 【珍宝岛】 **2. 本周分队游戏比赛（要点）** 小朋友熟悉教师所选择的游戏规则后，结合本周要点将游戏升级为比赛，要点如下： △要求：比赛中以（踩球、脚内侧等部位）完成"停球"作为目的。 △规则：比赛中小朋友完成停球后再踢走，或者踢给队友。 △讲解：比赛中出现错误要及时吹停比赛。 △常见错误： （1）方向错误：没有根据对方位置判断停球方向。 （2）未做停球：直接将球踢走，没有停球动作。 （3）没用特定部位停球。 △奖励：设定奖励计划，提高参与积极性。	1.让小朋友将球停在合适位置。 2.注意前迎后撤，缓冲来球力量。 3.脚内侧面积较大，小朋友较为容易掌握。
第四部分	5分钟	放松 布置任务	**课堂组织** **1.整理器材**：比赛结束后将地上的标志碟、标志筒、分队背心收好。 **2.放松身体**：所有小朋友到球场中心，围成一圈坐下，跟着教师做静态拉伸放松身体。 **3.奖励**：布置家庭互动作业，完成互动拍摄视频的小朋友，下周上课可以获得小星贴纸一枚。 **4.礼仪**：游戏结束后，教师先说："同学们辛苦了。"然后小朋友手拉手一起齐声说："老师辛苦了！"	1.通过奖励对小朋友进行鼓励。 2.介绍身体"抽筋"现象的预防及恢复。 3.逐步养成小朋友的集体合作意识。

幼儿园足球实操教案

（上学期第十一周）

此教案需配套"04——游戏库"使用				
教学主题：综合体适能、停球能力				
教学目标： 1. 能够使用体适能组合动作完成游戏。 2. 小朋友尝试使用身体其他部位停球。 3. 在游戏中培养小朋友集中注意力。				
部分	时间	内容	课堂组织与游戏组织	教师指导内容
第一部分	5分钟	课堂准备	**课堂组织** **1. 课前准备** 时间：教师提前15分钟到达场地。 器材：提前准备器材，并布置场地（在场地有限的情况下，可先摆放第一个游戏所需的器材）。 **2. 队列要求** 队列：小朋友按教师要求站在指定区域（教师利用标志碟，让小朋友站成一列纵队或两列横队）。 礼仪：教师与小朋友相互问好。 讲解：简单讲解本节课的内容。	1.在热身活动中讲解体适能的小知识。 2.逐步赢得小朋友信任。 3.逐步培养小朋友集中注意力。
第二部分	10分钟	主题类别1	**游戏组织** 根据主题类别 综合体适能 在"04——游戏库"查找游戏 **建议选择：** 【乘胜追击】【我们是灵活小能手】 **可选择：** 【摆脱影子】	快速躲避能力。 基本平衡能力。 团队协作能力。 合作意识。 社交能力。

（续表）

第三部分	10分钟	主题类别2	**游戏组织** 根据主题类别 停球能力 在"04——游戏库"查找游戏 **1. 足球游戏选择** 建议选择： 【珍宝岛】【"挺"过球门】 可选择： 【饥饿河马】 **2. 本周分队游戏比赛（要点）** 小朋友熟悉教师所选择的游戏规则后，结合本周要点将游戏升级为比赛，要点如下： △要求：比赛中以（踩球、脚内侧等部位）完成"停球"作为目的。 △规则：比赛中小朋友完成停球后再踢走，或者踢给队友。 △讲解：比赛中出现错误要及时吹停比赛。 △常见错误： （1）方向错误：没有根据对方位置判断停球方向。 （2）未做停球：直接将球踢走，没有停球动作。 （3）没用特定部位停球。 △奖励：设定奖励计划，提高参与积极性。	1.让小朋友将球停在合适位置。 2.注意前迎后撤，缓冲来球力量。 3.脚内侧面积较大，小朋友较为容易掌握。
第四部分	5分钟	放松 布置任务	**课堂组织** **1.整理器材**：比赛结束后将地上的标志碟、标志筒、分队背心收好。 **2.放松身体**：所有小朋友到球场中心，围成一圈坐下，跟着教师做静态拉伸放松身体。 **3.奖励**：布置家庭互动作业，完成互动拍摄视频的小朋友，下周上课可以获得小星星贴纸一枚。 **4.礼仪**：游戏结束后，教师先说："同学们辛苦了。"然后小朋友手拉手一起齐声说："老师辛苦了！"	1.在恢复活动中讲解体适能的小知识。 2.介绍运动损伤——骨折的预防及恢复。 3.逐步培养小朋友的注意力。

幼儿园足球实操教案

（上学期第十二周）

此教案需配套"04——游戏库"使用
教学主题：控球能力、停球能力
教学目标： 1. 学会将球控制在身体重心范围内。 2. 小朋友可以在游戏比赛的情景中完成停球的连贯动作。 3. 在游戏中培养小朋友快速的抉择能力。

部分	时间	内容	课堂组织与游戏组织	教师指导内容
第一部分	5分钟	课堂准备	**课堂组织** **1. 课前准备** 时间：教师提前15分钟到达场地。 器材：提前准备器材，并布置场地（在场地有限的情况下，可先摆放第一个游戏所需的器材）。 **2. 队列要求** 队列：小朋友按教师要求站在指定区域（教师利用标志碟，让小朋友站成一列纵队或两列横队）。 礼仪：教师与小朋友相互问好。 讲解：简单讲解本节课的内容。	1.在热身活动中讲解体适能的小知识。 2.逐步赢得小朋友信任。 3.逐步培养小朋友集中注意力。
第二部分	10分钟	主题类别1	**游戏组织** 根据主题类别 控球能力 在"04——游戏库"查找游戏 建议选择： 【自由口令】【进阶交通灯】 可选择： 【运球过河】	1.重心降低，以便快速启动。 2.让小朋友与球保持合适的距离。 3.脚触球的力度掌握要合适。 4.让小朋友感受不同的控球部位。

(续表)

第三部分	10分钟	主题类别2	**游戏组织：** 根据主题类别 停球能力 在"04——游戏库"查找游戏 **1. 足球游戏选择** **建议选择：** 【"挺"过球门】【口令停球】 **可选择：** 【饥饿河马】 **2. 本周分队游戏比赛（要点）** 小朋友熟悉教师所选择的游戏规则后，结合本周要点将游戏升级为比赛，要点如下： △要求：比赛中以（踩球、脚内侧等部位）完成"停球"作为目的。 △规则：比赛中小朋友完成停球后再踢走，或者踢给队友。 △讲解：比赛中出现错误要及时吹停比赛。 △常见错误： （1）方向错误：没有根据对方位置判断停球方向。 （2）未做停球：直接将球踢走，没有停球动作。 （3）没用特定部位停球。 △奖励：设定奖励计划，提高参与积极性。	1.让小朋友将球停在合适位置。 2.注意前迎后撤，缓冲来球力量。 3.脚内侧面积较大，小朋友较为容易掌握。
第四部分	5分钟	放松 布置任务	**课堂组织** **1.整理器材：**比赛结束后将地上的标志碟、标志筒、分队背心收好。 **2.放松身体：**所有小朋友到球场中心，围成一圈坐下，跟着教师做静态拉伸放松身体。 **3.奖励：**布置家庭互动作业，完成互动拍摄视频的小朋友，下周上课可以获得小星星贴纸一枚。 **4.礼仪：**游戏结束后，教师先说："同学们辛苦了。"然后小朋友手拉手一起齐声说："老师辛苦了！"	1.在恢复活动中讲解体适能的小知识。 2.介绍运动损伤——骨折的预防及恢复。 3.逐步培养小朋友的注意力。

幼儿园足球实操教案

（上学期第十三周）

此教案需配套"04——游戏库"使用			
教学主题：综合体适能、射门能力			
教学目标： 1. 能够使用体适能组合动作完成游戏。 2. 掌握停球与正脚背射门的连贯动作。 3. 在游戏中培养小朋友对足球的专注度。			

部分	时间	内容	课堂组织与游戏组织	教师指导内容
第一部分	5分钟	课堂准备	**课堂组织** **1. 课前准备** 时间：教师提前15分钟到达场地。 器材：提前准备器材，并布置场地（在场地有限的情况下，可先摆放第一个游戏所需的器材）。 **2. 队列要求** 队列：小朋友按教师要求站在指定区域（教师利用标志碟，让小朋友站成一列纵队或两列横队）。 礼仪：教师与小朋友相互问好。 讲解：简单讲解本节课的内容。	1. 在热身活动中讲解足球的小知识。 2. 让小朋友了解足球项目的竞争精神。 3. 培养小朋友对足球的专注度。
第二部分	10分钟	主题类别1	**游戏组织** 根据主题类别 综合体适能 在"04——游戏库"查找游戏 **建议选择：** 【保卫家园】【我们是灵活小能手】 **可选择：** 【摆脱影子】	快速躲避能力。 基本平衡能力。 团队协作能力。 合作意识。

（续表）

第三部分	10分钟	主题类别2	**游戏组织** 根据主题类别 射门能力 在"04——游戏库"查找游戏 **1. 足球游戏选择** 建议选择： 【神奇保龄球】【发射火箭】 可选择： 【射门得分】 **2. 本周分队游戏比赛（要点）** 小朋友熟悉教师所选择的游戏规则后，结合本周要点将游戏升级为比赛，要点如下： △要求：比赛中以正脚背完成"射门"动作。 △规则：小朋友得球后，可以自行带球，也可选择传球，最后在离球5米处完成射门。 △讲解：出现错误随时中断比赛，注意射门时腿后摆幅度以及脚射门的速度。 △常见错误： （1）摆动幅度：射门的时候摆动脚没有充分后摆。 （2）射门位置：注意靠近球门，在离球门5米处射门。 （3）触球位置：注意用正脚背射门。 △奖励：设定奖励计划，提高参与积极性。	1.让小朋友尝试在移动中射门。 2.鼓励小朋友敏锐观察并且冷静判断后，果断起脚。 3.让小朋友选择合适的射门角度。
第四部分	5分钟	放松 布置任务	**课堂组织** **1.整理器材：**比赛结束后将地上的标志碟、标志筒、分队背心收好。 **2.放松身体：**所有小朋友到球场中心，围成一圈坐下，跟着教师做静态拉伸放松身体。 **3.奖励：**布置家庭互动作业，完成互动拍摄视频的小朋友，下周上课可以获得小星星贴纸一枚。 **4.礼仪：**游戏结束后，教师先说："同学们辛苦了。"然后小朋友手拉手一起齐声说："老师辛苦了！"	1.在恢复活动中讲解足球的小知识。 2.介绍运动损伤——脱臼的预防及恢复。 3.培养小朋友对足球的专注度。

幼儿园足球实操教案

（上学期第十四周）

此教案需配套"04——游戏库"使用

教学主题：传球能力、射门能力

教学目标：
1. 小朋友能够运用体适能的基本素质。
2. 小朋友能够完成停球+正脚背射门的连贯动作。
3. 在游戏中培养小朋友团结协作的能力。

部分	时间	内容	课堂组织与游戏组织	教师指导内容
第一部分	5分钟	课堂准备	**课堂组织** **1. 课前准备** 时间：教师提前15分钟到达场地。 器材：提前准备器材，并布置场地（在场地有限的情况下，可先摆放第一个游戏所需的器材）。 **2. 队列要求** 队列：小朋友按教师要求站在指定区域（教师利用标志碟，让小朋友站成一列纵队或两列横队）。 礼仪：教师与小朋友相互问好。 讲解：简单讲解本节课的内容。	1.在热身活动中讲解足球的小知识。 2.让小朋友了解足球项目的竞争意识。 3.培养小朋友对足球的专注度。
第二部分	10分钟	主题类别1	**游戏组织** 根据主题类别 传球能力 在"04——游戏库"查找游戏 **建议选择：** 【你传我接】【动态传接球】 **可选择：** 【勇往直前】	1.不要害怕来球。 2.做出摆腿动作。 3.要强调传球部位、效果，让小朋友感受。 4.待小朋友可顺利踢出后，告知要合适用力。

-46-

（续表）

第三部分	10分钟	主题类别2	**游戏组织** 根据主题类别 射门能力 在"04——游戏库"查找游戏 **1. 足球游戏选择** 建议选择： 【发射火箭】【射门得分】 可选择： 【时光隧道】 **2. 本周分队游戏比赛（要点）** 小朋友熟悉教师所选择的游戏规则后，结合本周要点将游戏升级为比赛，要点如下： △要求：比赛中以正脚背完成"射门"动作。 △规则：小朋友得球后，可以自行带球，也可选择传球，最后在离球门5米处完成射门。 △讲解：出现错误随时中断比赛，注意射门时腿后摆的幅度以及脚射门的速度。 △常见错误： （1）摆动幅度：射门的时候摆动脚没有充分后摆。 （2）射门位置：注意靠近球门，在离球门5米处射门。 （3）触球位置：注意用正脚背射门。 △奖励：设定奖励计划，提高参与积极性。	1.让小朋友尝试在移动中射门。 2.鼓励小朋友敏锐观察并且冷静判断后，果断起脚。 3.让小朋友选择合适的射门角度。
第四部分	5分钟	放松 布置任务	**课堂组织** **1.整理器材**：比赛结束后将地上的标志碟、标志筒、分队背心收好。 **2.放松身体**：所有小朋友到球场中心，围成一圈坐下，跟着教师做静态拉伸放松身体。 **3.奖励**：布置家庭互动作业，完成互动拍摄视频的小朋友，下周上课可以获得小星星贴纸一枚。 **4.礼仪**：游戏结束后，教师先说："同学们辛苦了。"然后小朋友手拉手一起齐声说："老师辛苦了！"	1.在恢复活动中讲解足球的小知识。 2.介绍运动损伤——脱臼的预防及恢复。 3.培养小朋友对足球的专注度。

幼儿园足球实操教案

（上学期第十五周）

此教案需配套"04——游戏库"使用

教学主题：综合体适能、射门能力

教学目标：
1. 能够使用体适能组合动作完成游戏。
2. 小朋友能够完成停球+正脚背射门的连贯动作。
3. 在游戏中培养小朋友的抗压能力。

部分	时间	内容	课堂组织与游戏组织	教师指导内容
第一部分	5分钟	课堂准备	**课堂组织** **1. 课前准备** 时间：教师提前15分钟到达场地。 器材：提前准备器材，并布置场地（在场地有限的情况下，可先摆放第一个游戏所需的器材）。 **2. 队列要求** 队列：小朋友按教师要求站在指定区域（教师利用标志碟，让小朋友站成一列纵队或两列横队）。 礼仪：教师与小朋友相互问好。 讲解：简单讲解本节课的内容。	1.讲解足球比赛前的礼仪规范。 2.给小朋友讲解足球的连贯动作。 3.强调练习队列队形与课前准备工作。
第二部分	10分钟	主题类别1	**游戏组织** **根据主题类别 综合体适能 在"04——游戏库"查找游戏** **建议选择：** 【摆脱影子】 【乘胜追击】 **可选择：** 【全速前进】	快速躲避能力。 基本平衡能力。 团队协作能力。 合作意识。 社交能力。

（续表）

第三部分	10分钟	主题类别2	**游戏组织** 根据主题类别 射门能力 在"04——游戏库"查找游戏 **1. 足球游戏选择** 建议选择： 【越过山丘】【时光隧道】 可选择： 【气球大战】 **2. 本周分队游戏比赛（要点）** 小朋友熟悉教师所选择的游戏规则后，结合本周要点将游戏升级为比赛，要点如下： △要求：比赛中以正脚背完成"射门"动作。 △规则：小朋友得球后，可以自行带球，也可选择传球，最后在离球门5米处完成射门。 △讲解：出现错误随时中断比赛，注意射门时腿后摆的幅度以及脚射门的速度。 △常见错误： （1）摆动幅度：射门的时候摆动脚没有充分后摆。 （2）射门位置：注意靠近球门，在离球门5米处射门。 （3）触球位置：注意用正脚背射门。 △奖励：设定奖励计划，提高参与积极性。	1.让小朋友尝试在移动中射门。 2.鼓励小朋友敏锐观察并且冷静判断后，果断起脚。 3.让小朋友选择合适的射门角度。
第四部分	5分钟	放松 布置任务	**课堂组织** **1.整理器材：**比赛结束后将地上的标志碟、标志筒、分队背心收好。 **2.放松身体：**所有小朋友到球场中心，围成一圈坐下，跟着教师做静态拉伸放松身体。 **3.奖励：**布置家庭互动作业，完成互动拍摄视频的小朋友，下周上课可以获得小星星贴纸一枚。 **4.礼仪：**游戏结束后，教师先说："同学们辛苦了。"然后小朋友手拉手一起齐声说："老师辛苦了！"	1.鼓励小朋友继续努力。 2.与小朋友一起参与恢复互动。 3.逐步使小朋友养成课后规范。

幼儿园足球实操教案

（上学期第十六周）

此教案需配套"04——游戏库"使用			
教学主题：传球能力、射门能力			
教学目标： 1. 小朋友能够熟练运用体适能的基本素质。 2. 小朋友能够完成停球+射门动作。 3. 在游戏中培养小朋友团结协作的能力。			
部分	**时间**	**内容**	**课堂组织与游戏组织**	**教师指导内容**
第一部分	5分钟	课堂准备	**课堂组织** **1. 课前准备** 时间：教师提前15分钟到达场地。 器材：提前准备器材，并布置场地（在场地有限的情况下，可先摆放第一个游戏所需的器材）。 **2. 队列要求** 队列：小朋友按教师要求站在指定区域（教师利用标志碟，让小朋友站成一列纵队或两列横队）。 礼仪：教师与小朋友相互问好。 讲解：简单讲解本节课的内容。	1.讲解足球比赛前的礼仪规范。 2.给小朋友讲解足球的连贯动作。 3.强调练习队列队形与课前准备工作。
第二部分	10分钟	主题类别1	**游戏组织** 根据主题类别 传球能力 在"04——游戏库"查找游戏 **建议选择：** 【精准传球】【方格接力】 **可选择：** 【穿山洞】	1.不要害怕来球。 2.做出摆腿动作。 3.要强调传球部位、效果，让小朋友自我体会。 4.待小朋友可顺利踢出后，告知要合适用力。

（续表）

第三部分	10分钟	主题类别2	**游戏组织** 根据主题类别 射门能力 在"04——游戏库"查找游戏 **1. 足球游戏选择** 建议选择： 【射门得分】 【时光隧道】 可选择： 【发射火箭】 **2. 本周分队游戏比赛（要点）** 小朋友熟悉教师所选择的游戏规则后，结合本周要点将游戏升级为比赛，要点如下： △要求：比赛中以正脚背完成"射门"动作。 △规则：小朋友得球后，可以自行带球，也可选择传球，最后在离球门5米处完成射门。 △讲解：出现错误要随时中断比赛，注意射门时腿后摆的幅度以及脚射门的速度。 △常见错误： （1）摆动幅度：射门的时候摆动脚没有充分后摆。 （2）射门位置：注意靠近球门，在离球门5米处射门。 （3）触球位置：注意用正脚背射门。 △奖励：设定奖励计划，提高参与积极性。	1.让小朋友尝试在移动中射门。 2.鼓励小朋友敏锐观察并且冷静判断后，果断起脚。 3.让小朋友选择合适的射门角度。
第四部分	5分钟	放松 布置任务	**课堂组织** **1.整理器材**：比赛结束后将地上的标志碟、标志筒、分队背心收好。 **2.放松身体**：所有小朋友到球场中心，围成一圈坐下，跟着教师做静态拉伸放松身体。 **3.奖励**：布置家庭互动作业，完成互动拍摄视频的小朋友，下周上课可以获得小星星贴纸一枚。 **4.礼仪**：游戏结束后，教师先说："同学们辛苦了。"然后小朋友手拉手一起齐声说："老师辛苦了！"	1.鼓励小朋友继续努力。 2.与小朋友一起参与恢复互动。 3.逐步使小朋友养成课后规范。

幼儿园足球实操教案

（下学期第一周）

此教案需配套"04——游戏库"使用
教学主题：灵敏能力、控球能力
教学目标： 1. 能够在游戏中快速、协调、敏捷、准确地完成动作。 2. 学习使用单脚左右变向运球。 3. 在游戏中培养小朋友快速的抉择能力。

部分	时间	内容	课堂组织与游戏组织	教师指导内容
第一部分	5分钟	课堂准备	**课堂组织** **1. 课前准备** 时间：教师提前15分钟到达场地。 器材：提前准备器材，并布置场地（在场地有限的情况下，可先摆放第一个游戏所需的器材）。 **2. 队列要求** 队列：小朋友按教师要求站在指定区域（教师利用标志碟，让小朋友站成一列纵队或两列横队）。 礼仪：教师与小朋友相互问好。 讲解：简单讲解本节课的内容。	1.与小朋友建立默契。 2.介绍课堂礼仪规范。 3.着重练习队列队形。
第二部分	10分钟	主题类别1	**游戏组织** **根据主题类别 灵敏能力 在"04——游戏库"查找游戏** 建议选择： 【夺宝大战】【绕弯】 可选择： 【过桥】	**灵敏能力（概念）：** 是指人体在各种突然变化的条件下，能够迅速、准确、协调、灵活地完成动作的能力，是人各种运动技能和身体素质在运动中的综合表现，是大脑皮质神经活动过程的灵活性及分析综合能力。

（续表）

第三部分	10分钟	主题类别2	**游戏组织：** 根据主题类别 控球能力 在"04——游戏库"查找游戏 **1. 足球游戏选择** 建议选择： 【进阶交通灯】【跳圈运粮】 可选择： 【神奇宝贝】 **2. 本周分队游戏比赛（要点）** 小朋友熟悉教师所选择的游戏规则后，结合本周要点将游戏升级为比赛，要点如下： △要求：将球控制在自己的重心范围之内。 △规则：小朋友得球后，不要急于传球。选择： （1）做出护球动作，并将球传出。 （2）掌握时机，将球合理传出。 △讲解：出现错误要随时中断比赛，讲解问题。 △常见错误： （1）重心过高：护球时未降低重心，导致重心不稳。 （2）球不在可控范围内：在静止的情况下，球要在小朋友重心可以掌握的范围之内，以便于做动作。带球情况下，不可将球带得太远，力量用得过大。告知小朋友，要合理使用力量。 △奖励：设定奖励计划，提高参与积极性。	1.小朋友在推拨球的时候需合理用力。 2.控球时注意观察好周围情况。 3.小朋友可以用脚的不同部位控制足球。
第四部分	5分钟	放松 布置任务	**课堂组织** **1.整理器材：**比赛结束后将地上的标志碟、标志筒、分队背心收好。 **2.放松身体：**所有小朋友到球场中心，围成一圈坐下，跟着教师做静态拉伸放松身体。 **3.奖励：**布置家庭互动作业，完成互动拍摄视频的小朋友，下周上课可以获得小星星贴纸一枚。 **4.礼仪：**游戏结束后，教师先说："同学们辛苦了。"然后小朋友手拉手一起齐声说："老师辛苦了！"	1.教会小朋友课后帮助老师整理器材。 2.介绍运动损伤——拉伤的预防及恢复。 3.学会课后谢谢老师。

幼儿园足球实操教案

（下学期第二周）

此教案需配套"04——游戏库"使用					
教学主题：平衡能力、控球能力					
教学目标： 1. 能够在游戏中保持身体平衡。 2. 能够在游戏比赛中有效地控制足球。 3. 在游戏中培养小朋友坚忍不拔的精神。					
部分	时间	内容	课堂组织与游戏组织		教师指导内容
第一部分	5分钟	课堂准备	**课堂组织** **1. 课前准备** 时间：教师提前15分钟到达场地。 器材：提前准备器材，并布置场地（在场地有限的情况下，可先摆放第一个游戏所需的器材）。 **2. 队列要求** 队列：小朋友按教师要求站在指定区域（教师利用标志碟，让小朋友站成一列纵队或两列横队）。 礼仪：教师与小朋友相互问好。 讲解：简单讲解本节课的内容。		1.与小朋友建立默契。 2.介绍课堂礼仪规范。 3.着重练习队列队形。
第二部分	10分钟	主题类别1	**游戏组织** 根据主题类别 平衡能力 在"04——游戏库"查找游戏 **建议选择：** 【单脚跳跃过河】 【攻守城堡】 **可选择：** 【123木头人】		**平衡能力（概念）：** 是指抵抗破坏平衡的外力，以保持全身处于稳定状态的能力。发展平衡能力有利于提高运动器官的功能和前庭器官的机能，改善中枢神经系统对肌肉组织与内脏器官的调节功能，保证身体活动的顺利进行，提高适应复杂环境的能力和自我保护的能力。

（续表）

第三部分	10分钟	主题类别2	**游戏组织** 根据主题类别 控球能力 在"04——游戏库"查找游戏 **1. 足球游戏选择** 建议选择： 【神奇宝贝】【寻找字母】 可选择： 【瞄准宝物】 **2. 本周分队游戏比赛（要点）** 小朋友熟悉教师所选择的游戏规则后，结合本周要点将游戏升级为比赛，要点如下： △要求：将球控制在自己的重心范围之内。 △规则：小朋友得球后，不要急于传球。 （1）做出护球动作，并将球传出。 （2）掌握时机，将球合理传出。 △讲解：出现错误要随时中断比赛，讲解问题。 △常见错误： （1）重心过高：护球时未降低重心，导致重心不稳。 （2）球不在可控范围：在静止的情况下，球要在小朋友重心可以掌握的范围之内，以便于做动作。带球情况下，不可将球带得太远，力量用的过大。要告知小朋友，合理使用自己的力量。 △奖励：设定奖励计划，提高参与积极性。	1.小朋友在推拨球的时候需合理用力。 2.控球时注意观察好周围情况。 3.小朋友可以用脚的不同部位控制足球。
第四部分	5分钟	放松 布置任务	**课堂组织** **1.整理器材：** 比赛结束后将地上的标志碟、标志筒、分队背心收好。 **2.放松身体：** 所有小朋友到球场中心，围成一圈坐下，跟着教师做静态拉伸放松身体。 **3.奖励：** 布置家庭互动作业，完成互动拍摄视频的小朋友，下周上课可以获得小星星贴纸一枚。 **4.礼仪：** 游戏结束后，教师先说："同学们辛苦了。"然后小朋友手拉手一起齐声说："老师辛苦了！"	1.教会小朋友课后帮助老师整理器材。 2.介绍运动损伤——拉伤的小知识。 3.学会课后谢谢老师。

幼儿园足球实操教案
（下学期第三周）

此教案需配套"04——游戏库"使用
教学主题：协调能力、传球能力
教学目标： 1. 能够在游戏中协调地完成各项动作。 2. 能够在移动中完成传球动作。 3. 在游戏中培养小朋友遵从指令的能力。

部分	时间	内容	课堂组织与游戏组织	教师指导内容
第一部分	5分钟	课堂准备	**课堂组织** **1. 课前准备** 时间：教师提前15分钟到达场地。 器材：提前准备器材，并布置场地（在场地有限的情况下，可先摆放第一个游戏所需的器材）。 **2. 队列要求** 队列：小朋友按教师要求站在指定区域（教师利用标志碟，让小朋友站成一列纵队或两列横队）。 礼仪：教师与小朋友相互问好。 讲解：简单讲解本节课的内容。	1. 引导小朋友熟悉课堂器材。 2. 指导小朋友遵从指令。 3. 从"老师"变为小朋友的"伙伴"。
第二部分	10分钟	主题类别1	**游戏组织** **根据主题类别 协调能力 在"04——游戏库"查找游戏** **建议选择：** 【到湖中心】【小猴摘桃】 **可选择：** 【小鹿乱撞】	**协调能力（概念）：** 运动协调能力是综合的神经机能能力，其表现形式即运动协调。人体运动协调能力由反应能力、空间定向能力、本体感知能力、节奏能力、平衡能力与动作认知有关的认知能力等多种要素所构成。

（续表）

第三部分	10分钟	主题类别2	**游戏组织** 根据主题类别 传球能力 在"04——游戏库"查找游戏 **1. 足球游戏选择** 建议选择： 【面对面螃蟹绕圈】【穿越火线】 可选择： 【勇往直前】 **2. 本周分队游戏比赛（要点）** 小朋友熟悉教师所选择的游戏规则后，结合本周要点将游戏升级为比赛，要点如下： △要求：比赛中以完成"传球"作为目的。 △规则：比赛中小朋友抢断后，必须经过2次或以上（视熟练度情况增加次数）的传球才可以射门。 △讲解：比赛中出现错误，及时吹停比赛。 △常见错误： （1）害怕来球：直接将球无目的踢走，未完成传球动作。 （2）未做传球：直接带球向前，没有传球意识。 △奖励：设定奖励计划，提高参与积极性。	1.指导小朋友使用合理的力量传球到位。 2.让小朋友体验不同部位传球。 3.在游戏中培养小朋友的传球能力。
第四部分	5分钟	放松 布置任务	**课堂组织** **1.整理器材**：比赛结束后将地上的标志碟、标志筒、分队背心收好。 **2.放松身体**：所有小朋友到球场中心，围成一圈坐下，跟着教师做静态拉伸放松身体。 **3.奖励**：布置家庭互动作业，完成互动拍摄视频的小朋友，下周上课可以获得小星星贴纸一枚。 **4.礼仪**：游戏结束后，教师先说："同学们辛苦了。"然后小朋友手拉手一起齐声说："老师辛苦了！"	1.教会小朋友课后清理游戏场地的垃圾。 2.介绍运动损伤——擦伤的预防及恢复。 3.采用拉伸活动放松身体。

幼儿园足球实操教案

（下学期第四周）

此教案需配套"04——游戏库"使用			
教学主题：速度能力、传球能力			
教学目标： 1. 学会如何在跑动中匀速前进。 2. 能够完成停球与传球连贯动作。 3. 在游戏中培养小朋友协同保护意识。			

部分	时间	内容	课堂组织与游戏组织	教师指导内容
第一部分	5分钟	课堂准备	**课堂组织** **1. 课前准备** 时间：教师提前15分钟到达场地。 器材：提前准备器材，并布置场地（在场地有限的情况下，可先摆放第一个游戏所需的器材）。 **2. 队列要求** 队列：小朋友按教师要求站在指定区域（教师利用标志碟，让小朋友站成一列纵队或两列横队）。 礼仪：教师与小朋友相互问好。 讲解：简单讲解本节课的内容。	1.引导小朋友熟悉课堂器材。 2.指导小朋友遵从指令。 3.从"老师"变为小朋友的"伙伴"。
第二部分	10分钟	主题类别1	**游戏组织** 根据主题类别 速度能力 在"04——游戏库"查找游戏 **建议选择：** 【与时间竞赛】【狼羊大战】 **可选择：** 【跑起来】	速度能力（概念）： 速度能力是指人体快速运动的能力。包括反应速度、位移速度、动作速度。

（续表）

第三部分	10分钟	主题类别2	**游戏组织** 根据主题类别 传球能力 在"04——游戏库"查找游戏 **1. 足球游戏选择** 建议选择： 【勇往直前】【穿越火线】 可选择： 【抢圈游戏】 **2. 本周分队游戏比赛（要点）** 小朋友熟悉教师所选择的游戏规则后，结合本周要点将游戏升级为比赛，要点如下： △要求：比赛中以完成"传球"作为目的。 △规则：比赛中小朋友抢断后，必须经过2次或以上（视熟练度情况增加次数）的传球才可以射门。 △讲解：比赛中出现错误，及时吹停比赛。 △常见错误： （1）害怕来球：直接将球无目的踢走，未完成传球动作。 （2）未做传球：直接带球向前，没有传球意识。 △奖励：设定奖励计划，提高参与积极性。	1.指导小朋友使用合理的力量传球到位。 2.让小朋友体验不同部位传球。 3.在游戏中培养小朋友的传球能力。
第四部分	5分钟	放松 布置任务	**课堂组织** **1.整理器材**：比赛结束后将地上的标志碟、标志筒、分队背心收好。 **2.放松身体**：所有小朋友到球场中心，围成一圈坐下，跟着教师做静态拉伸放松身体。 **3.奖励**：布置家庭互动作业，完成互动拍摄视频的小朋友，下周上课可以获得小星星贴纸一枚。 **4.礼仪**：游戏结束后，教师先说："同学们辛苦了。"然后小朋友手拉手一起齐声说："老师辛苦了！"	1.教会小朋友课后清理游戏场地的垃圾。 2.介绍运动损伤——擦伤的预防及恢复。 3.采用拉伸活动放松身体。

幼儿园足球实操教案

（下学期第五周）

此教案需配套"04——游戏库"使用

教学主题：爆发力能力、停球能力

教学目标：
1. 能够加强踢球或启动时的爆发力。
2. 能够完成停球与控球的连贯动作。
3. 在游戏中培养小朋友协同合作的能力。

部分	时间	内容	课堂组织与游戏组织	教师指导内容
第一部分	5分钟	课堂准备	**课堂组织** **1. 课前准备** 时间：教师提前15分钟到达场地。 器材：提前准备器材，并布置场地（在场地有限的情况下，可先摆放第一个游戏所需的器材）。 **2. 队列要求** 队列：小朋友按教师要求站在指定区域（教师利用标志碟，让小朋友站成一列纵队或两列横队）。 礼仪：教师与小朋友相互问好。 讲解：简单讲解本节课的内容。	1.引导班级内的小朋友相互熟悉。 2.指导小朋友将随身携带的衣物整齐摆放到固定位置。 3.小朋友与教师课前相互问好。
第二部分	10分钟	主题类别1	**游戏组织** 根据主题类别 爆发力能力 在"04——游戏库"查找游戏 **建议选择：** 【爆发小宇宙】【袋鼠跨栏】 **可选择：** 【巧巧虎】	**爆发力（概念）：** 爆发力是指在短时间做出最大的功。能在一瞬间爆发出巨大的能量。爆发力实质是指不同的肌肉间的相互协调能力，力量素质以及速度素质相结合的一项人体体能素质。

-60-

（续表）

			游戏组织	
第三部分	10分钟	主题类别2	根据主题类别 停球能力 在"04——游戏库"查找游戏 **1. 足球游戏选择** 建议选择： 【珍宝岛】【"挺"过球门】 可选择： 【饥饿河马】 **2. 本周分队游戏比赛（要点）** 小朋友熟悉教师所选择的游戏规则后，结合本周要点将游戏升级为比赛，要点如下： △要求：游戏比赛中以（踩球、脚内侧等部位）完成"停球"作为目的。 △规则：游戏比赛中小朋友完成停球后再踢走，或踢给队友。 △讲解：游戏比赛中出现错误，及时吹停游戏比赛。 △常见错误： （1）方向错误：没有根据对方位置判断停球方向。 （2）未做停球：直接将球踢走，没有停球动作。 （3）没用特定部位停球。 △奖励：设定奖励计划，提高参与积极性。	1.让小朋友将球停在合适位置。 2.注意前迎后撤，缓冲来球力量。 3.脚内侧面积较大，小朋友较为容易掌握。
第四部分	5分钟	放松 布置任务	**课堂组织** **1.整理器材**：比赛结束后将地上的标志碟、标志筒、分队背心收好。 **2.放松身体**：所有小朋友到球场中心，围成一圈坐下，跟着教师做静态拉伸放松身体。 **3.奖励**：布置家庭互动作业，完成互动拍摄视频的小朋友，下周上课可以获得小星星贴纸一枚。 **4.礼仪**：游戏结束后，教师先说："同学们辛苦了。"然后小朋友手拉手一起齐声说："老师辛苦了！"	1.引导班级内的小朋友相互帮助。 2.介绍运动损伤——脑震荡的预防及恢复。 3.学会课后谢谢老师。

幼儿园足球实操教案

（下学期第六周）

此教案需配套"04——游戏库"使用					
教学主题：反应力能力、停球能力					
教学目标： 1. 能够迅速听懂教师的指令并完成动作。 2. 能够完成停球与射门的连贯动作。 3. 在游戏中培养小朋友团结协作的意识。					

部分	时间	内容	课堂组织与游戏组织		教师指导内容
第一部分	5分钟	课堂准备	**课堂组织** **1. 课前准备** 时间：教师提前15分钟到达场地。 器材：提前准备器材，并布置场地（在场地有限的情况下，可先摆放第一个游戏所需的器材）。 **2. 队列要求** 队列：小朋友按教师要求站在指定区域（教师利用标志碟，让小朋友站成一列纵队或两列横队）。 礼仪：教师与小朋友相互问好。 讲解：简单讲解本节课的内容。		1.引导班级内的小朋友相互熟悉。 2.指导小朋友将随身携带的衣物整齐摆放到固定位置。 3.小朋友与教师课前相互问好。
第二部分	10分钟	主题类别1	**游戏组织** 根据主题类别 反应能力 在"04——游戏库"查找游戏 建议选择： 【小绵羊与大灰狼】【乌龟回家】 可选择： 【数字方块】		反应能力（概念）： 人体对各种刺激做出快速反应的能力。

（续表）

第三部分	10分钟	主题类别2	**游戏组织：** 根据主题类别 停球能力 在"04——游戏库"查找游戏 **1. 足球游戏选择** 建议选择： 【饥饿河马】【口令停球】 可选择： 【珍宝岛】 **2. 本周分队游戏比赛（要点）** 小朋友熟悉教师所选择的游戏规则后，结合本周要点将游戏升级为比赛，要点如下： △要求：游戏比赛中以（踩球、脚内侧等部位）完成"停球"作为目的。 △规则：游戏比赛中小朋友完成停球后再踢走，或踢给队友。 △讲解：游戏比赛中出现错误，及时吹停游戏比赛。 △常见错误： （1）方向错误：没有根据对方位置判断停球方向。 （2）未做停球：直接将球踢走，没有停球动作。 （3）没用特定部位停球。 △奖励：设定奖励计划，提高参与积极性。	1.让小朋友将球停在合适位置。 2.注意前迎后撤，缓冲来球力量。 3.脚内侧面积较大，小朋友较为容易掌握。
第四部分	5分钟	放松 布置任务	**课堂组织** **1.整理器材：**比赛结束后将地上的标志碟、标志筒、分队背心收好。 **2.放松身体：**所有小朋友到球场中心，围成一圈坐下，跟着教师做静态拉伸放松身体。 **3.奖励：**布置家庭互动作业，完成互动拍摄视频的小朋友，下周上课可以获得小星星贴纸一枚。 **4.礼仪：**游戏结束后，教师先说："同学们辛苦了。"然后小朋友手拉手一起齐声说："老师辛苦了！"	1.引导班级内的小朋友相互帮助。 2.介绍运动损伤——脑震荡的预防及恢复。 3.学会课后谢谢老师。

幼儿园足球实操教案

（下学期第七周）

此教案需配套"04——游戏库"使用

教学主题：综合体适能、射门能力

教学目标：
1. 使用综合体适能动作完成游戏。
2. 熟悉使用正脚背射门。
3. 在游戏中培养小朋友良好的竞争意识。

部分	时间	内容	课堂组织与游戏组织	教师指导内容
第一部分	5分钟	课堂准备	**课堂组织** **1. 课前准备** 时间：教师提前15分钟到达场地。 器材：提前准备器材，并布置场地（在场地有限的情况下，可先摆放第一个游戏所需的器材）。 **2. 队列要求** 队列：小朋友按教师要求站在指定区域（教师利用标志碟，让小朋友站成一列纵队或两列横队）。 礼仪：教师与小朋友相互问好。 讲解：简单讲解本节课的内容。	1.通过身体拉伸活动拉近与小朋友的距离。 2.多做肢体示范，少进行语言讲解。 3.将小朋友带入游戏化的情景。
第二部分	10分钟	主题类别1	**游戏组织** 根据主题类别 综合体适能 在"04——游戏库"查找游戏 建议选择： 【乘胜追击】【翻山越岭】 可选择： 【摆脱影子】	快速躲避能力。 基本平衡能力。 团队协作意识。 合作意识。

（续表）

第三部分	10分钟	主题类别2	**游戏组织** 根据主题类别 射门能力 在"04——游戏库"查找游戏 **1. 足球游戏选择** 建议选择： 【毛毛虫钻洞洞】【时光隧道】 可选择： 【气球大战】 **2. 本周分队游戏比赛（要点）** 小朋友熟悉教师所选择的游戏规则后，结合本周要点将游戏升级为比赛，要点如下： △要求：比赛中以正脚背完成"射门"动作。 △规则：小朋友得球后，可自行带球，也可选择传球，最后在离球门5米处完成射门。 △讲解：出现错误要随时中断比赛，注意射门时腿后摆的幅度，以及脚射门的速度。 △常见错误： （1）摆动幅度：射门时摆动脚没有充分后摆。 （2）射门位置：注意靠近球门，在离球门5米处射门。 （3）触球位置：注意用正脚背射门。 △奖励：设定奖励计划，提高参与积极性。	1.让小朋友尝试在移动中射门。 2.鼓励小朋友敏锐观察并冷静判断后，果断起脚。 3.让小朋友选择合适的射门角度。
第四部分	5分钟	放松 布置任务	**课堂组织** **1. 整理器材：** 比赛结束后将地上的标志碟、标志筒、分队背心收好。 **2. 放松身体：** 所有小朋友到球场中心，围成一圈坐下，跟着教师做静态拉伸放松身体。 **3. 奖励：** 布置家庭互动作业，完成互动拍摄视频的小朋友，下周上课可以获得小星星贴纸一枚。 **4. 礼仪：** 游戏结束后，教师先说："同学们辛苦了。"然后小朋友手拉手一起齐声说："老师辛苦了！"	1.通过身体拉伸活动拉近与小朋友的距离。 2.介绍运动损伤——扭伤的预防及恢复。 3.布置小朋友的课后作业。

幼儿园足球实操教案

（下学期第八周）

此教案需配套"04——游戏库"使用

教学主题：综合体适能、射门能力

教学目标：
1. 使用综合体适能动作完成游戏。
2. 熟悉使用正脚背射门。
3. 在游戏中培养小朋友保护足球的意识。

部分	时间	内容	课堂组织与游戏组织	教师指导内容
第一部分	5分钟	课堂准备	**课堂组织** **1. 课前准备** 时间：教师提前15分钟到达场地。 器材：提前准备器材，并布置场地（在场地有限的情况下，可先摆放第一个游戏所需的器材）。 **2. 队列要求** 队列：小朋友按教师要求站在指定区域（教师利用标志碟，让小朋友站成一列纵队或两列横队）。 礼仪：教师与小朋友相互问好。 讲解：简单讲解本节课的内容。	1.通过身体拉伸活动拉近与小朋友的距离。 2.多做肢体示范，少进行语言讲解。 3.将小朋友带入游戏化的情景。
第二部分	10分钟	主题类别1	**游戏组织** 根据主题类别 综合体适能 在"04——游戏库"查找游戏 **建议选择：** 【保卫家园】【我们是灵活小能手】 **可选择：** 【猫捉老鼠】	快速躲避能力。 基本平衡能力。 团队协作意识。 合作意识。

（续表）

第三部分	10分钟	主题类别2	**游戏组织** 根据主题类别 射门能力 在"04——游戏库"查找游戏 **1. 足球游戏选择** 建议选择： 【穿越丛林】【时光隧道】 可选择： 【毛毛虫钻洞洞】 **2. 本周分队游戏比赛（要点）** 小朋友熟悉教师所选择的游戏规则后，结合本周要点将游戏升级为比赛，要点如下： △要求：比赛中以正脚背完成"射门"动作。 △规则：小朋友得球后，可自行带球，也可选择传球，最后在离球门5米处完成射门。 △讲解：出现错误要随时中断比赛，注意射门时腿后摆的幅度，以及脚射门的速度。 △常见错误： （1）摆动幅度：射门时摆动脚没有充分后摆。 （2）射门位置：注意靠近球门，在离球门5米处射门。 （3）触球位置：注意用正脚背射门。 △奖励：设定奖励计划，提高参与积极性。	1.让小朋友尝试在移动中射门。 2.鼓励小朋友敏锐观察并且冷静判断后，果断起脚。 3.让小朋友们选择合适的射门角度。
第四部分	5分钟	放松 布置任务	**课堂组织** **1.整理器材**：比赛结束后将地上的标志碟、标志筒、分队背心收好。 **2.放松身体**：所有小朋友到球场中心，围成一圈坐下，跟着教师做静态拉伸放松身体。 **3.奖励**：布置家庭互动作业，完成互动拍摄视频的小朋友，下周上课可以获得小星星贴纸一枚。 **4.礼仪**：游戏结束后，教师先说："同学们辛苦了。"然后小朋友手拉手一起齐声说："老师辛苦了！"	1.通过身体拉伸活动拉近与小朋友的距离。 2.介绍运动损伤——扭伤的预防及恢复。 3.布置小朋友的课后作业。

幼儿园足球实操教案

（下学期第九周）

此教案需配套"04——游戏库"使用
教学主题：综合体适能、综合足球技能
教学目标： 1. 学会将球控制在身体重心范围内。 2. 能够依次完成传球、停球、射门3项动作。 3. 在游戏中培养小朋友协同合作的意识。

部分	时间	内容	课堂组织与游戏组织	教师指导内容
第一部分	5分钟	课堂准备	**课堂组织** **1. 课前准备** 时间：教师提前15分钟到达场地。 器材：提前准备器材，并布置场地（在场地有限的情况下，可先摆放第一个游戏所需的器材）。 **2. 队列要求** 队列：小朋友按教师要求站在指定区域（教师利用标志碟，让小朋友站成一列纵队或两列横队）。 礼仪：教师与小朋友相互问好。 讲解：简单讲解本节课的内容。	1.通过亲昵的肢体动作进一步拉近与小朋友间的距离（如击掌、举高高）。 2.让器材成为小朋友的"好伙伴"。 3.逐步养成小朋友的集体合作意识。
第二部分	10分钟	主题类别1	**游戏组织** 根据主题类别 综合体适能 在"04——游戏库"查找游戏 **建议选择：** 【摆脱影子】【乘胜追击】 **可选择：** 【全速前进】	快速躲避能力。 基本平衡能力。 团队协作意识。 合作意识。

第三部分	10分钟	主题类别2	**游戏组织** 根据主题类别 综合足球技能 在"04——游戏库"查找游戏 **1. 足球游戏选择** 建议选择： 【摆脱狐狸】【袋鼠宝宝】 可选择： 【赶小猪】 **2. 本周分队游戏比赛（要点）** 小朋友熟悉教师所选择的游戏规则后，结合本周要点将游戏升级为比赛，要点如下： △要求：让小朋友了解自己与队友在场上的位置，做出合理的传球。 △规则：小朋友得球后，不要急于传球。 （1）观察队友跑位，观察对手的位置。 （2）选择传球时机，即对手上前抢夺，重心变化时，选择对手重心另一侧传球。 （3）将球停到合适的出球位置。 （4）选择射门时，学会在跑动中射门，了解射门角度的选择。 △讲解：出现错误要随时中断比赛，讲解问题。 △常见错误： （1）缺乏观察：导致出球草率，出球不合理。 （2）停球不合理：没有选择合适的停球部位或停球方向，将球暴露给对手。 （3）射门选择：射门部位不准确，没有观察守门员位置。 △奖励：设定奖励计划，提高参与积极性。	1.注意在游戏比赛中躲避障碍物。 2.鼓励小朋友运用所学控球、传球、停球、射门的足球基本动作。
第四部分	5分钟	放松 布置任务	**课堂组织** **1.整理器材**：比赛结束后将地上的标志碟、标志筒、分队背心收好。 **2.放松身体**：所有小朋友到球场中心，围成一圈坐下，跟着教师做静态拉伸放松身体。 **3.奖励**：布置家庭互动作业，完成互动拍摄视频的小朋友，下周上课可以获得小星星贴纸一枚。 **4.礼仪**：游戏结束后，教师先说："同学们辛苦了。"然后小朋友手拉手一起齐声说："老师辛苦了！"	1.通过奖励来鼓励小朋友。 2.介绍身体"抽筋"现象的预防及恢复。 3.逐步养成小朋友的集体合作意识。

幼儿园足球实操教案

（下学期第十周）

此教案需配套"04——游戏库"使用
教学主题：控球能力、综合足球技能
教学目标： 1. 学会将球控制在身体重心范围内。 2. 能够依次完成传球、停球、射门3项动作。 3. 在游戏中培养小朋友协同合作的意识。

部分	时间	内容	课堂组织与游戏组织	教师指导内容
第一部分	5分钟	课堂准备	**课堂组织** **1. 课前准备** 时间：教师提前15分钟到达场地。 器材：提前准备器材，并布置场地（在场地有限的情况下，可先摆放第一个游戏所需的器材）。 **2. 队列要求** 队列：小朋友按教师要求站在指定区域（教师利用标志碟，让小朋友站成一列纵队或两列横队）。 礼仪：教师与小朋友相互问好。 讲解：简单讲解本节课的内容。	1.通过亲昵的肢体动作进一步拉近与小朋友间的距离（如击掌、举高高）。 2.让器材成为小朋友的"好伙伴"。 3.逐步养成小朋友的集体合作意识。
第二部分	10分钟	主题类别1	**游戏组织** 根据主题类别 控球能力 在"04——游戏库"查找游戏 **建议选择：** 【自由口令】 【进阶交通灯】 **可选择：** 【运球过河】	1.重心降低，以便迅速启动。 2.让小朋友与球保持合适的距离。 3.合适掌握脚触球的力度。 4.让小朋友感受不同的控球部位。

（续表）

第三部分	10分钟	主题类别2	**游戏组织** **根据主题类别** 综合足球技能 **在"04——游戏库"查找游戏** **1. 足球游戏选择** 建议选择： 【袋鼠宝宝】 【赶小猪】 可选择： 【看颜色抢球】 **2. 本周分队游戏比赛（要点）** 小朋友熟悉教师所选择的游戏规则后，结合本周要点将游戏升级为比赛，要点如下： △要求：让小朋友了解自己与队友在场上的位置，做出合理的传球。 △规则：小朋友得球后，不要急于传球。 （1）观察队友跑位，观察对手的位置。 （2）选择传球时机，即对手上前抢夺，重心变化时，选择对手重心另一侧传球。 （3）将球停到合适的出球位置。 （4）选择射门时，学会在跑动中射门，了解射门角度的选择。 △讲解：出现错误要随时中断比赛，讲解问题。 △常见错误： （1）缺乏观察：导致出球草率，出球不合理。 （2）停球不合理：没有选择合适的停球部位或停球方向，将球暴露给对手。 （3）射门选择：射门部位不准确，没有观察守门员位置。 △奖励：设定奖励计划，提高参与积极性。	1.注意在游戏比赛中躲避障碍物。 2.鼓励小朋友运用所学控球、传球、停球、射门的足球基本动作。
第四部分	5分钟	放松 布置任务	**课堂组织** **1.整理器材：** 比赛结束后将地上的标志碟、标志筒、分队背心收好。 **2.放松身体：** 所有小朋友到球场中心，围成一圈坐下，跟着教师做静态拉伸放松身体。 **3.奖励：** 布置家庭互动作业，完成互动拍摄视频的小朋友，下周上课可以获得小星星贴纸一枚。 **4.礼仪：** 游戏结束后，教师先说："同学们辛苦了。"然后小朋友手拉手一起齐声说："老师辛苦了！"	1.通过奖励来鼓励小朋友。 2.介绍身体"抽筋"现象的预防及恢复。 3.逐步养成小朋友的集体合作意识。

幼儿园足球实操教案

（下学期第十一周）

此教案需配套"04——游戏库"使用
教学主题：综合体适能、综合足球技能
教学目标： 1. 综合体适能素质练习。 2. 对足球控球技术进行多部位触球启蒙。 3. 强化综合体适能素质+停球、传球、射门在足球游戏比赛中的应用。

部分	时间	内容	课堂组织与游戏组织	教师指导内容
第一部分	5分钟	课堂准备	**课堂组织** **1. 课前准备** 时间：教师提前15分钟到达场地。 器材：提前准备器材，并布置场地（在场地有限的情况下，可先摆放第一个游戏所需的器材）。 **2. 队列要求** 队列：小朋友按教师要求站在指定区域（教师利用标志碟，让小朋友站成一列纵队或两列横队）。 礼仪：教师与小朋友相互问好。 讲解：简单讲解本节课的内容。	1.在热身活动中讲解综合体适能的小知识。 2.逐步赢得小朋友的信任。 3.逐步培养小朋友的注意力。
第二部分	10分钟	主题类别1	**游戏组织** 根据主题类别 综合体适能 在"04——游戏库"查找游戏 **建议选择：** 【全速前进】　【冰淇淋大作战】 **可选择：** 【保卫家园】	快速躲避能力。 基本平衡能力。 团队协作意识。 合作意识。 社交能力。

（续表）

第三部分	10分钟	主题类别2	**游戏组织** 根据主题类别 综合足球技能 在"04——游戏库"查找游戏 **1. 足球游戏选择** 建议选择： 【赶小猪】【看颜色抢球】 可选择： 【躲避老鹰】 **2. 本周分队游戏比赛（要点）** 小朋友熟悉教师所选择的游戏规则后，结合本周要点将游戏升级为比赛，要点如下： △要求：让小朋友了解自己与队友在场上的位置，做出合理的传球。 △规则：小朋友得球后，不要急于传球。 （1）观察队友跑位，观察对手的位置。 （2）选择传球时机，即对手上前抢夺，重心变化时，选择对手重心另一侧传球。 （3）将球停到合适的出球位置。 （4）选择射门时，学会在跑动中射门，了解射门角度的选择。 △讲解：出现错误要随时中断比赛，讲解问题。 △常见错误： （1）缺乏观察：导致出球草率，出球不合理。 （2）停球不合理：没有选择合适的停球部位或停球方向，将球暴露给对手。 （3）射门选择：射门部位不准确，没有观察守门员位置。 △奖励：设定奖励计划，提高参与积极性。	1.注意在游戏比赛中躲避障碍物。 2.鼓励小朋友将所学的控球、传球、停球、射门等基本动作运用于游戏比赛中。
第四部分	5分钟	放松布置任务	**课堂组织** **1.整理器材：**比赛结束后将地上的标志碟、标志筒、分队背心收好。 **2.放松身体：**所有小朋友到球场中心，围成一圈坐下，跟着教师做静态拉伸放松身体。 **3.奖励：**布置家庭互动作业，完成互动拍摄视频的小朋友，下周上课可以获得小星星贴纸一枚。 **4.礼仪：**游戏结束后，教师先说："同学们辛苦了。"然后小朋友手拉手一起齐声说："老师辛苦了！"	1.在恢复活动中讲解综合体适能的小知识。 2.介绍运动损伤——骨折的预防及恢复。 3.逐步培养小朋友的注意力。

幼儿园足球实操教案

（下学期第十二周）

此教案需配套"04——游戏库"使用				
教学主题：传球能力、综合足球技能				
教学目标： 1. 能够连续完成3次以上的传球动作。 2. 能够完成停球、射门动作。 3. 在游戏中培养小朋友快速抉择的能力。				
部分	时间	内容	课堂组织与游戏组织	教师指导内容
第一部分	5分钟	课堂准备	**课堂组织** **1. 课前准备** 时间：教师提前15分钟到达场地。 器材：提前准备器材，并布置场地（在场地有限的情况下，可先摆放第一个游戏所需的器材）。 **2. 队列要求** 队列：小朋友按教师要求站在指定区域（教师利用标志碟，让小朋友站成一列纵队或两列横队）。 礼仪：教师与小朋友相互问好。 讲解：简单讲解本节课的内容。	1.在热身活动中讲解综合体适能的小知识。 2.逐步赢得小朋友信任。 3.逐步培养小朋友的注意力。
第二部分	10分钟	主题类别1	**游戏组织** 根据主题类别 传球能力 在"04——游戏库"查找游戏 建议选择： 【精准传球】【勇往直前】 可选择： 【穿山洞】	1.不要害怕来球。 2.做出摆腿动作。 3.要强调传球部位、效果，让小朋友体会。 4.待小朋友可顺利踢出球后，告知要合适用力。

(续表)

			游戏组织	
第三部分	10分钟	主题类别2	根据主题类别 综合足球技能 在"04——游戏库"查找游戏 **1. 足球游戏选择** 建议选择： 【看颜色抢球】【躲避老鹰】 可选择： 【无人岛开发】 **2. 本周分队游戏比赛（要点）** 小朋友熟悉教师所选择的游戏规则后，结合本周要点将游戏升级为比赛，要点如下： △要求：让小朋友了解自己与队友在场上的位置，做出合理的传球。 △规则：小朋友得球后，不要急于传球。 （1）观察队友跑位，观察对手的位置。 （2）选择传球时机，即对手上前抢夺，重心变化时，选择对手重心另一侧传球。 （3）将球停到合适的出球位置。 （4）选择射门时，学会在跑动中射门，了解射门角度的选择。 △讲解：出现错误要随时中断比赛，讲解问题。 △常见错误： （1）缺乏观察：导致出球草率，出球不合理。 （2）停球不合理：没有选择合适的停球部位或停球方向，将球暴露给对手。 （3）射门选择：射门部位不准确，没有观察守门员位置。 △奖励：设定奖励计划，提高参与积极性。	1.注意在游戏比赛中躲避障碍物。 2.鼓励小朋友将所学的控球、传球、停球、射门等基本动作运用于游戏比赛中。
第四部分	5分钟	放松 布置任务	**课堂组织** **1.整理器材**：比赛结束后将地上的标志碟、标志筒、分队背心收好。 **2.放松身体**：所有小朋友到球场中心，围成一圈坐下，跟着教师做静态拉伸放松身体。 **3.奖励**：布置家庭互动作业，完成互动拍摄视频的小朋友，下周上课可以获得小星星贴纸一枚。 **4.礼仪**：游戏结束后，教师先说："同学们辛苦了。"然后小朋友手拉手一起齐声说："老师辛苦了！"	1.在恢复活动中讲解综合体适能的小知识。 2.介绍运动损伤——骨折的预防及恢复。 3.逐步培养小朋友的注意力。

幼儿园足球实操教案

（下学期第十三周）

此教案需配套"04——游戏库"使用					
教学主题：综合体适能、综合足球技能					
教学目标： 1. 能够使用综合体适能动作完成游戏。 2. 能够在固定位置尝试停球、射门。 3. 在游戏中培养小朋友对足球的专注度。					
部分	时间	内容	课堂组织与游戏组织		教师指导内容
第一部分	5分钟	课堂准备	**课堂组织** **1. 课前准备** 时间：教师提前15分钟到达场地。 器材：提前准备器材，并布置场地（在场地有限的情况下，可先摆放第一个游戏所需的器材）。 **2. 队列要求** 队列：小朋友按教师要求站在指定区域（教师利用标志碟，让小朋友站成一列纵队或两列横队）。 礼仪：教师与小朋友相互问好。 讲解：简单讲解本节课的内容。		1.在热身活动中讲解足球的小知识。 2.让小朋友了解足球项目的竞争性。 3.培养小朋友对足球的专注度。
第二部分	10分钟	主题类别1	**游戏组织** 根据主题类别 综合体适能 在"04——游戏库"查找游戏 建议选择： 【冰淇淋大作战】【海底总动员】 可选择： 【保卫家园】		快速躲避能力。 基本平衡能力。 团队协作能力。 合作意识。

（续表）

第三部分	10分钟	主题类别2	**游戏组织** 根据主题类别 综合足球技能 在"04——游戏库"查找游戏 **1. 足球游戏选择** 建议选择： 【无人岛开发】【躲避老鹰】 可选择： 【摆脱狐狸】 **2. 本周分队游戏比赛（要点）** 小朋友熟悉教师所选择的游戏规则后，结合本周要点将游戏升级为比赛，要点如下： △要求：让小朋友了解自己与队友在场上的位置，做出合理的传球。 △规则：小朋友得球后，不要急于传球。 （1）观察队友跑位，观察对手的位置。 （2）选择传球时机，即对手上前抢夺，重心变化时，选择对手重心另一侧传球。 （3）将球停到合适的出球位置。 （4）选择射门时，学会在跑动中射门，了解射门角度的选择。 △讲解：出现错误要随时中断比赛，讲解问题。 △常见错误： （1）缺乏观察：导致出球草率，出球不合理。 （2）停球不合理：没有选择合适的停球部位或停球方向，将球暴露给对手。 （3）射门选择：射门部位不准确，没有观察守门员位置。 △奖励：设定奖励计划，提高参与积极性。	1.注意在游戏比赛中躲避障碍物。 2.鼓励小朋友将所学的控球、传球、停球、射门等基本动作运用于游戏比赛中。
第四部分	5分钟	放松 布置任务	**课堂组织** **1.整理器材**：比赛结束后将地上的标志碟、标志筒、分队背心收好。 **2.放松身体**：所有小朋友到球场中心，围成一圈坐下，跟着教师做静态拉伸放松身体。 **3.奖励**：布置家庭互动作业，完成互动拍摄视频的小朋友，下周上课可以获得小星星贴纸一枚。 **4.礼仪**：游戏结束后，教师先说："同学们辛苦了。"然后小朋友手拉手一齐声说："老师辛苦了！"	1.在恢复活动中讲解足球的小知识。 2.介绍运动损伤——脱臼的预防及恢复。 3.培养小朋友对足球的专注度。

幼儿园足球实操教案

（下学期第十四周）

此教案需配套"04——游戏库"使用					
教学主题：停球能力、综合足球技能					
教学目标： 1. 能够根据对手位置合理完成停球动作。 2. 能够在游戏比赛中合理运用4项技术。 3. 在游戏中培养小朋友团结协作的意识。					
部分	时间	内容	课堂组织与游戏组织		教师指导内容
第一部分	5分钟	课堂准备	**课堂组织** **1. 课前准备** 时间：教师提前15分钟到达场地。 器材：提前准备器材，并布置场地（在场地有限的情况下，可先摆放第一个游戏所需的器材）。 **2. 队列要求** 队列：小朋友按教师要求站在指定区域（教师利用标志碟，让小朋友站成一列纵队或两列横队）。 礼仪：教师与小朋友相互问好。 讲解：简单讲解本节课的内容。		1.在热身活动中讲解足球的小知识。 2.让小朋友了解足球项目的竞争性。 3.培养小朋友对足球的专注度。
第二部分	10分钟	主题类别1	**游戏组织** 根据主题类别 停球能力 在"04——游戏库"查找游戏 建议选择： 【饥饿河马】 【"挺"过球门】 可选择： 【口令停球】		1.先学会踩球，同时考验小朋友的平衡能力。 2.学会用特定部位挡住来球。 3.在游戏比赛中，尝试在行进方向上停住球。

(续表)

| 第三部分 | 10分钟 | 主题类别2 | **游戏组织**
根据主题类别 综合足球技能 在"04——游戏库"查找游戏
1. 足球游戏选择
建议选择：
【看颜色抢球】 【躲避老鹰】
可选择：
【摆脱狐狸】
2. 本周分队游戏比赛（要点）
小朋友熟悉教师所选择的游戏规则后，结合本周要点将游戏升级为比赛，要点如下：
△要求：让小朋友了解自己与队友在场上的位置，做出合理的传球。
△规则：小朋友得球后，不要急于传球。
（1）观察队友跑位，观察对手的位置。
（2）选择传球时机，即对手上前抢夺，重心变化时，选择对手重心另一侧传球。
（3）将球停到合适的出球位置。
（4）选择射门时，学会在跑动中射门，了解射门角度的选择。
△讲解：出现错误要随时中断比赛，讲解问题。
△常见错误：
（1）缺乏观察：导致出球草率，出球不合理。
（2）停球不合理：没有选择合适的停球部位或球方向，将球暴露给对手。
（3）射门选择：射门部位不准确，没有观察守门员位置。
△奖励：设定奖励计划，提高参与积极性。 | 1.注意在游戏比赛中躲避障碍物。
2.鼓励小朋友将所学的控球、传球、停球、射门等基本动作运用于游戏比赛中。 |
| 第四部分 | 5分钟 | 放松
布置任务 | **课堂组织**
1.整理器材： 比赛结束后将地上的标志碟、标志筒、分队背心收好。
2.放松身体： 所有小朋友到球场中心，围成一圈坐下，跟着教师做静态拉伸放松身体。
3.奖励： 布置家庭互动作业，完成互动拍摄视频的小朋友，下周上课可以获得小星星贴纸一枚。
4.礼仪： 游戏结束后，教师先说："同学们辛苦了。"然后小朋友手拉手一起齐声说："老师辛苦了！" | 1.在恢复活动中讲解足球的小知识。
2.介绍运动损伤——脱臼的预防及恢复。
3.培养小朋友对足球的专注度。 |

幼儿园足球实操教案

（下学期第十五周）

此教案需配套"04——游戏库"使用
教学主题：综合体适能、综合足球技能
教学目标： 1. 能够使用综合体适能动作完成游戏。 2. 能够在游戏比赛中合理运用4项技术。 3. 在游戏中培养小朋友的抗压能力。

部分	时间	内容	课堂组织与游戏组织	教师指导内容
第一部分	5分钟	课堂准备	**课堂组织** **1. 课前准备** 时间：教师提前15分钟到达场地。 器材：提前准备器材，并布置场地（在场地有限的情况下，可先摆放第一个游戏所需的器材）。 **2. 队列要求** 队列：小朋友按教师要求站在指定区域（教师利用标志碟，让小朋友站成一列纵队或两列横队）。 礼仪：教师与小朋友相互问好。 讲解：简单讲解本节课的内容。	1.讲解足球比赛前的礼仪规范。 2.给小朋友讲解足球的连贯动作。 3.强调练习队列队形与课前准备工作。
第二部分	10分钟	主题类别1	**游戏组织** 根据主题类别 综合体适能 在"04——游戏库"查找游戏 建议选择： 【木偶提线】【海底总动员】 可选择： 【保卫家园】	快速躲避能力。 基本平衡能力。 团队协作意识。 合作意识。 社交能力。

（续表）

第三部分	10分钟	主题类别2	**游戏组织** 根据主题类别 综合足球技能 在"04——游戏库"查找游戏 **1. 足球游戏选择** **建议选择：** 【火炬传递赛】【摆脱狐狸】 **可选择：** 【袋鼠宝宝】 **2. 本周分队游戏比赛（要点）** 小朋友熟悉教师所选择的游戏规则后，结合本周要点将游戏升级为比赛，要点如下： △要求：让小朋友了解自己与队友在场上的位置，做出合理的传球。 △规则：小朋友得球后，不要急于传球。 （1）观察队友跑位，观察对手的位置。 （2）选择传球时机，即对手上前抢夺，重心变化时，选择对手重心另一侧传球。 （3）将球停到合适的出球位置。 （4）选择射门时，学会在跑动中射门，了解射门角度的选择。 △讲解：出现错误要随时中断比赛，讲解问题。 △常见错误： （1）缺乏观察：导致出球草率，出球不合理。 （2）停球不合理：没有选择合适的停球部位或停球方向，将球暴露给对手。 （3）射门选择：射门部位不准确，没有观察守门员位置。 △奖励：设定奖励计划，提高参与积极性。	1.注意在游戏比赛中躲避障碍物。 2.鼓励小朋友将所学的控球、传球、停球、射门等基本动作运用于游戏比赛中。
第四部分	5分钟	放松 布置任务	**课堂组织** **1.整理器材：** 比赛结束后将地上的标志碟、标志筒、分队背心收好。 **2.放松身体：** 所有小朋友到球场中心，围成一圈坐下，跟着教师做静态拉伸放松身体。 **3.奖励：** 布置家庭互动作业，完成互动拍摄视频的小朋友，下周上课可以获得小星星贴纸一枚。 **4.礼仪：** 游戏结束后，教师先说："同学们辛苦了。"然后小朋友手拉手一起齐声说："老师辛苦了！"	1.鼓励小朋友继续努力。 2.与小朋友一起参与恢复互动。 3.逐步使小朋友养成课后规范。

幼儿园足球实操教案

（下学期第十六周）

此教案需配套"04——游戏库"使用

教学主题：射门能力、综合足球技能

教学目标：
1. 能够尝试踢中正在滚动的足球。
2. 能够在游戏比赛中合理运用4项技术。
3. 在游戏中培养小朋友团结协作的意识。

部分	时间	内容	课堂组织与游戏组织	教师指导内容
第一部分	5分钟	课堂准备	**课堂组织** **1. 课前准备** 时间：教师提前15分钟到达场地。 器材：提前准备器材，并布置场地（在场地有限的情况下，可先摆放第一个游戏所需的器材）。 **2. 队列要求** 队列：小朋友按教师要求站在指定区域（教师利用标志碟，让小朋友站成一列纵队或两列横队）。 礼仪：教师与小朋友相互问好。 讲解：简单讲解本节课的内容。	1.讲解足球比赛前的礼仪规范。 2.给小朋友讲解足球的连贯动作。 3.强调练习队列队形与课前准备工作。
第二部分	10分钟	主题类别1	**游戏组织** 根据主题类别 射门能力 在"04——游戏库"查找游戏 建议选择： 【射门得分】 【时光隧道】 可选择： 【发射火箭】	跳跃能力。 跑动能力。 团队协作能力。 竞技意识。

-82-

（续表）

第三部分	10分钟	主题类别2	**游戏组织** 根据主题类别 综合足球技能 在"04——游戏库"查找游戏 **1. 足球游戏选择** 建议选择： 【火炬传递赛】【躲避老鹰】 可选择： 【无人岛开发】 **2. 本周分队游戏比赛（要点）** 小朋友熟悉教师所选择的游戏规则后，结合本周要点将游戏升级为比赛，要点如下： △要求：让小朋友了解自己与队友在场上的位置，做出合理的传球。 △规则：小朋友得球后，不要急于传球。 （1）观察队友跑位，观察对手的位置。 （2）选择传球时机，即对手上前抢夺，重心变化时，选择对手重心另一侧传球。 （3）将球停到合适的出球位置。 （4）选择射门时，学会在跑动中射门，了解射门的角度的选择。 △讲解：出现错误要随时中断比赛，讲解问题。 △常见错误： （1）缺乏观察：导致出球草率，出球不合理。 （2）停球不合理：没有选择合适的停球部位或停球方向，将球暴露给对手。 （3）射门选择：射门部位不准确，没有观察守门员位置。 △奖励：设定奖励计划，提高参与积极性。	1.注意在游戏比赛中躲避障碍物。 2.鼓励小朋友将所学的控球、传球、停球、射门等基本动作运用于游戏比赛中。
第四部分	5分钟	放松 布置任务	**课堂组织** **1.整理器材：** 比赛结束后将地上的标志碟、标志筒、分队背心收好。 **2.放松身体：** 所有小朋友到球场中心，围成一圈坐下，跟着教师做静态拉伸放松身体。 **3.奖励：** 布置家庭互动作业，完成互动拍摄视频的小朋友，下周上课可以获得小星星贴纸一枚。 **4.礼仪：** 游戏结束后，教师先说："同学们辛苦了。"然后小朋友手拉手一起齐声说："老师辛苦了！"	1.鼓励小朋友继续努力。 2.与小朋友一起参与恢复互动。 3.逐步使小朋友养成课后规范。

哈咘哈咘·运动启蒙
HUP HUP SPORTS CENTER

专注为 3~12 岁儿童提供科学的运动启蒙培训

04

游戏库
GAME LIBRARY

幼儿园足球
实操手册

主题一

灵敏能力
AGILITY TRAINING

◎ HUP HUP SPORTS CENTER ◎

过 桥

场地布置说明 Field Layout Instructions ▶▶▶

A1 便携场地围网

B2 圆形标志碟

D2 小型标志筒

H1 敏捷梯

器材准备：

1. 1.5米×0.8米的便携场地围网28个。
2. 小型标志筒3个。
3. 圆形标志碟10个。
4. 敏捷梯2个。

使用建议：

1. 使用围网完成1个12米×9米的场地活动区域。
2. 将2个敏捷梯按照"T"字形摆放。
3. 用标志碟标志出起始位置。
4. 将小型标志筒放置在"T"字两端位置。

游戏规则 Game Rules ▶▶▶

- 小朋友按照标志碟标出的位置纵向排列。
- 小朋友单腿跳跃过第一个敏捷梯，到达第二个敏捷梯后转为侧向（向左或向右均可）跨步通过敏捷梯。第一个小朋友出发后，第二个小朋友听到哨声可以继续出发。
- 到达标志筒后，小朋友以后退跑的形式返回队尾等待下一次练习。

注意事项 Notice ▶▶▶

- 教师需强调小朋友轮流走"T"字敏捷梯的左右线。
- 教师可告知小朋友每一次跳跃敏捷梯可选择不同的跳跃方式，比如双脚并拢跳、双脚开合跳、单脚跳跃与跨步走等方式。

家庭小课堂

- 做一做：
  在家练习一下不同的跳跃方式。

- 想一想：
  怎样做才能更快速地转身呢？

夺宝大战

场地布置说明 Field Layout Instructions ▶▶▶

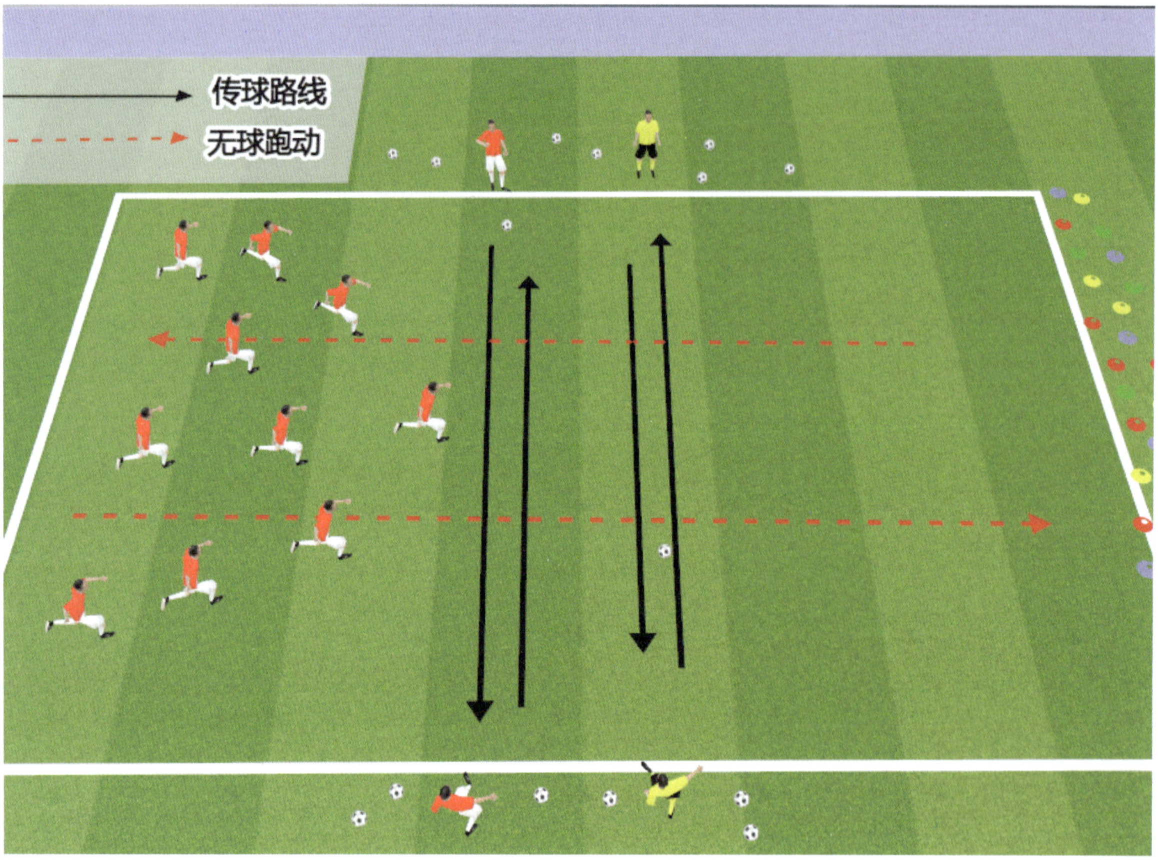

A1 便携场地围网

B2 圆形标志碟

C2 绿茵王者（4号）

器材准备：

1. 1.5米×0.8米的便携场地围网28个。
2. 圆形标志碟30个。
3. 4号足球20~30个。

使用建议：

1. 使用围网完成1个12米×9米的场地活动区域。
2. 将所有标志碟摆放在终点处。
3. 将4号足球放置在活动场地两侧。

游戏规则 Game Rules

- 进攻部队从起点处出发，跑向场地终点处夺取宝藏（标志碟）。
- 选择4位小朋友扮演禁卫军在场地两侧发（扔）炮弹（足球）。
- 进攻部队要躲开炮弹（足球），如果被炮弹（足球）击中，就要成为俘虏并放下手中的宝藏，帮助禁卫军一同开炮射击。
- 拿到宝藏（标志碟）的小朋友，往起点区域跑。直到所有宝藏（标志碟）被夺取后，游戏结束。

注意事项 Notice

- 教师需提醒小朋友要注意躲避足球，避免摔倒。

做一做：
将矿泉水瓶摆在地板上，看看跑动的时候要如何躲避矿泉水瓶呢？

想一想：
在跑动的时候可以一边跑动一边观察障碍物吗？

绕弯

场地布置说明 Field Layout Instructions

A1 便携场地围网

C2 绿茵王者（4号）

D2 小型标志筒

G1 幼儿安全足球门

器材准备：

1. 1.5 米 ×0.8 米的便携场地围网 28 个。
2. 4 号足球每人 1 个。
3. 小型标志筒 6~8 个。
4. 幼儿安全足球门 2 个。

使用建议：

1. 使用围网完成 1 个 12 米 ×9 米的场地活动区域。
2. 将小型标志筒在活动区域内纵向摆放。
3. 将足球门分别放置在活动区域底线。

游戏规则 Game Rules

- 3 位小朋友扮演小螃蟹，站在门框前抢夺食物，其他小朋友扮演小蚂蚁，运送食物。
- 每只小蚂蚁要通过蛇形的方式来运"豆子"（足球），把"豆子"运到家门前。门前还站着 3 只小螃蟹，小蚂蚁要小心，别让到嘴的食物给抢走咯。避开小螃蟹，用手抛球把球投进球门。
- 每次投中球门得 3 分，依次累积分数，最终分数高的小蚂蚁获胜。
- 教师在讲解规则的时候，穿插教授小朋友两三个英文单词，如 cone、shoot、goal 等。

注意事项 Notice

- 教师需提醒小朋友要投中球门，从而可以增强小朋友成就感，提高小朋友对足球的兴趣。

家庭小课堂

- **做一做：** 在家练习用手抛球扔向标志点，看看能不能准确扔中。
- **想一想：** 开动小脑筋想一想，今天都学到了什么呢？

主题二

— 平衡能力 —
BALANCE TRAINING

◎ HUP HUP SPORTS CENTER ◎

单脚跳跃过河

场地布置说明 Field Layout Instructions ▸▸▸

A1 便携场地围网

D2 小型标志筒

· 希望篇 ·

器材准备：

1. 1.5 米 ×0.8 米的便携场地围网 28 个。
2. 小型标志筒 12~15 个。

使用建议：

1. 使用围网完成 1 个 12 米 ×9 米的场地活动区域。
2. 用标志筒把场地划分为 2 条河道，并将 1 条河道分成第一区域、第二区域、第三区域。

平衡能力

游戏规则 Game Rules

- 将小朋友分成 2 队，分别扮演小白兔和小灰兔，所有小兔子在场地一边的底线处排队站好。
- 教师吹哨，每队第一个小朋友先出发，用不同的跳跃方式通过河道的不同区域。
- 每队小朋友在区域的中途不能换脚或双脚下地，需要保持在自己河道的区域内进行单脚跳跃通过河道，直到跳到下一个区域才可以换脚或换方式跳跃。
- 教师再次吹哨时，第二个小朋友可以出发，直到全部小朋友都到达对面底线。

注意事项 Notice

- 教师告诉小朋友单脚跳前进的正确技巧。
- 教师指导小朋友跳跃前进时，需提醒小朋友注意用身体保持单脚平衡着地。
- 教师需要提醒小朋友不要低头看脚下，不然会失去重心，导致身体无法平衡而摔倒。

家庭小课堂

- **做一做：**
  单脚跳跃前进到指定区域，再换脚跳跃返回。

- **想一想：**
  怎么才能单脚跳跃时不跳歪呢？

123 木头人

场地布置说明 Field Layout Instructions ▶▶▶

A1 便携场地围网

B1 太阳花标志碟

C2 绿茵王者（4号）

器材准备：

1. 1.5 米 ×0.8 米的便携场地围网 28 个。
2. 太阳花标志碟 6~8 个。
3. 4 号足球每人 1 个。

使用建议：

1. 使用围网完成 1 个 12 米 ×9 米的场地活动区域。
2. 标志碟标出等候区。

平衡能力

游戏规则 Game Rules

- 小朋友在等候区一字排开，每人间隔 1 米，每人 1 个球。
- 第一轮游戏由教师来发出指令。当教师转身示意游戏开始时，小朋友可以开始抱球慢慢地移动前进；教师开始数 1、2、3，当教师数到 3 并转身的时候小朋友需要把球抱在手上并且身体保持稳定，并要做到不能说、不能笑、也不能动。
- 当教师发出"出动"的指令并转身去追逐小朋友，小朋友需要抱球立即回到等候区。
- 在回到等候区前被抓到的小朋友成为下一个发令者。

注意事项 Notice

- 教师需提醒小朋友在移动中尽量保持身体稳定。
- 教师需提醒小朋友抱球往回跑时需抬头观察其他小朋友走向，避免相撞。

家庭小课堂

做一做：
让爸爸抛球给你，试试看能不能稳定地接住球并且用手抛球方式把球传给爸爸！

想一想：
在别人传球给我的时候，是不是要提前做好接球的准备和保持身体平衡？

攻守城堡

场地布置说明 Field Layout Instructions ▶▶▶

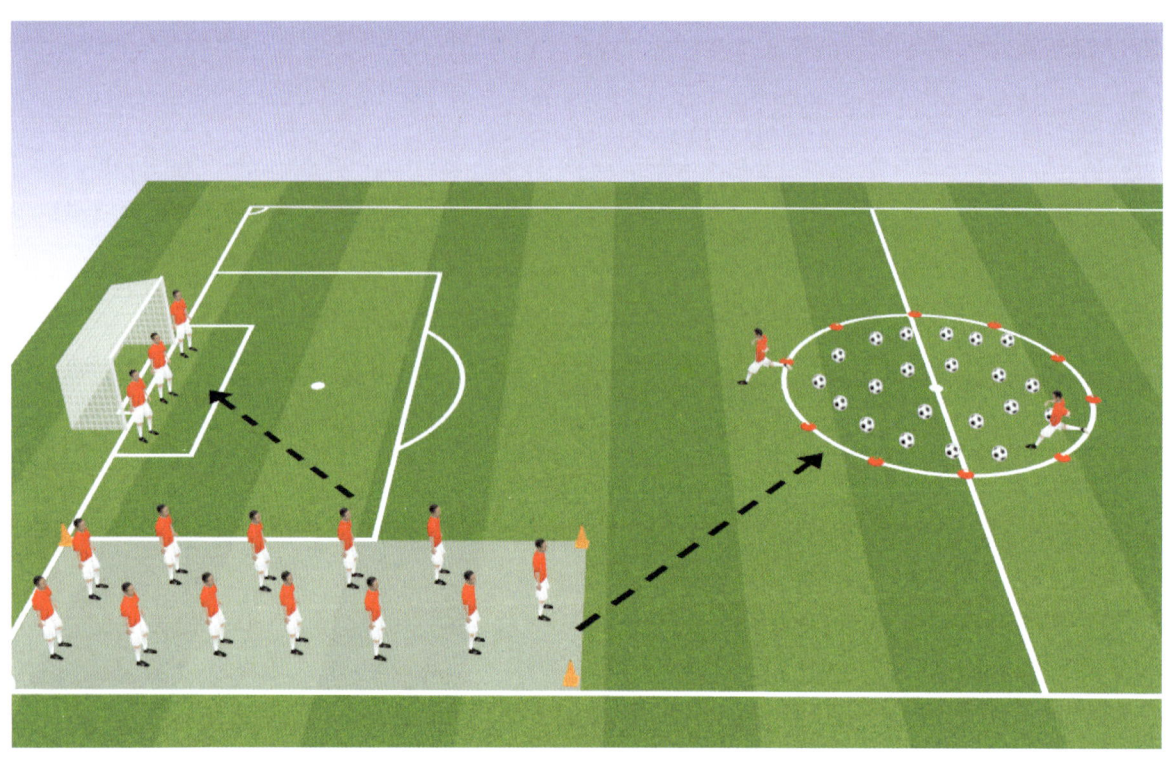

A1 便携场地围网

B1 太阳花标志碟

C2 绿茵王者（4号）

D2 小型标志筒

G1 幼儿安全足球门

· 希望篇 ·

器材准备:

1. 1.5 米 ×0.8 米的便携场地围网 28 个。
2. 太阳花标志碟 10 个。
3. 4 号足球 10 个。
4. 小型标志筒 4 个。
5. 幼儿安全足球门 1 个。

使用建议:

1. 使用围网完成 1 个 12 米 ×9 米的场地活动区域。
2. 用小型标志筒标志出等待区域。
3. 用太阳花标志碟在活动场地中间围成一个"弹药"（圆形）区域，并放置一定数量足球（足球数量比人数少 1 个）。
4. 将足球门放置在场边底线。

平衡能力

游戏规则 Game Rules ▶▶▶

- 游戏开始前先在球门前安排 1 名"士兵"（小朋友）守门。将剩余小朋友分成 2~3 组，1 组 10 人左右。
- 1 组的"进攻者"（小朋友）在等待区域站好，听到教师吹哨时，小朋友需要原地转 5 圈。
- 转完圈的小朋友可以跑向"弹药区域"，进行抢球，抢到球后往前跑，找好时机把球扔进球门。
- 没有抢到球的 1 位小朋友下一轮变成"士兵"守门。

注意事项 Notice ▶▶▶

- 教师需提醒小朋友单脚站立时需要集中注意力，双手打开。

家庭小课堂

- **做一做:**
  在家中转圈圈，试试看转完后能不能走出一条直线。

- **想一想:**
  如何在转圈后保持身体的稳定和平衡呢？

主题三

协调能力
COORDINATION TRAINING

◎ HUP HUP SPORTS CENTER ◎

到湖中心

场地布置说明 Field Layout Instructions ▶▶▶

A1 便携场地围网

B1 太阳花标志碟

F1 小号跨栏框

H1 敏捷梯

器材准备：

1. 1.5 米 ×0.8 米的便携场地围网 28 个。
2. 太阳花标志碟 18 个。
3. 小号跨栏框 6 个。
4. 敏捷梯 6 个。

使用建议：

1. 使用围网完成 1 个 12 米 ×9 米的场地活动区域。
2. 将敏捷梯如图摆放，并在敏捷梯前端放置 1 个小号跨栏框，在敏捷梯的尾端直接纵向摆放 3 个太阳花标志碟。

游戏规则　Game Rules ▸▸▸

- 将所有小朋友分成 6 组，每组 4~5 人。
- 每组小朋友按照顺序依次通过跨栏框、敏捷梯和标志碟，每次通过敏捷梯可使用不同的方式（如双脚并拢跳跃、单脚跳跃、左右脚轮流跳跃），后呈"S"型绕过标志碟后，直线跑回队尾排队。

注意事项　Notice ▸▸▸

- 教师需提醒小朋友：在跳跃时需保持抬头，目光向上。
- 教师需提醒小朋友：到达圆心位置时需注意其他小朋友，避免碰撞。

家庭小课堂

- **做一做**：
  在家尝试用不同的步法跳九宫格。

- **想一想**：
  使用非惯用脚怎么提高跳敏捷梯的速度呢？

小猴摘桃

场地布置说明 Field Layout Instructions

A1 便携场地围网

B2 圆形标志碟

F2 中号跨栏框

器材准备：

1. 1.5米×0.8米的便携场地围网28个。
2. 圆形标志碟14~16个。
3. 中号跨栏框2~4个。

使用建议：

1. 使用围网完成1个12米×9米的场地活动区域。
2. 活动区域中间，放置中号跨栏框。
3. 活动区域后端，放置与小朋友人数相当或倍数的圆形标志碟。

游戏规则 Game Rules ▶▶▶

- 小朋友分2个纵队站在起跑线。
- 教师吹哨，各队第一个小朋友两手两膝着地爬过跨栏框，抵达标志碟堆。拿1个标志碟后转身快跑返回，与第二个小朋友拍手，站到队尾，依次进行。
- **难度升级：** 每一组队伍前进方向上各放置2个跨栏框，小朋友需模仿不同动物的爬行方式爬过跨栏框，到达底线时拿1个标志碟，返回时，双脚并拢跳跃2个跨栏框，加速跑回队尾，等待下一轮游戏。

注意事项 Notice ▶▶▶

- 教师需提醒小朋友不断调整步伐。
- 教师可以教导小朋友学习不同的爬行方式，例如，模仿不同动物的爬行动作，从手脚着地到匍匐前进以及蠕动式前行等。通过让小朋友练习不同的爬行方式，锻炼小朋友的手脚协调，躯干的柔韧性，提高平衡感，让身体更加的灵活。

家庭小课堂

- **做一做：** 小朋友可以跟小伙伴玩一下接力游戏。
- **想一想：** 运动前都做了哪些准备活动？

小鹿乱撞

场地布置说明 Field Layout Instructions

A1 便携场地围网

C2 绿茵王者（4号）

D2 小型标志筒

G1 幼儿安全足球门

器材准备：

1. 1.5 米 ×0.8 米的便携场地围网 28 个。
2. 4 号足球每组 1 个。
3. 小型标志筒 10 个。
4. 幼儿安全足球门 2 个。

使用建议：

1. 使用围网完成 1 个 12 米 ×9 米的场地活动区域。
2. 在场地两端的底线放置球门。
3. 将所有小型标志筒分成 2 个颜色，分别放置在对方球门内。

协调能力

游戏规则 Game Rules ▸▸▸

- 将所有小朋友分成 2 队，一队小朋友扮演梅花鹿，另一队小朋友扮演斑鹿，各队的每 2 位小朋友为 1 组，2 位小朋友模仿两人三足将脚绑到一起，并用手抱 1 个球。
- 2 队小朋友分别站在自己球门前，然后一起往对方球场方向走，到达球门时用手扔球击倒对方门线上的标志筒得分。
- 看看最后哪一支队伍获得较高的分数。

注意事项 Notice ▸▸▸

- 教师喊话提醒：2 只小鹿要绑在一起、一起移动、只能使用手抛球方式击倒标志筒。
- 教师需提醒防守的小朋友拦截球要使用手接。

家庭小课堂

- **做一做：**
和小伙伴试试两人三足的游戏吧。

- **想一想：**
两人三足一起移动的时候，怎么保持平衡呢？

主题四

速度能力
SPEED TRAINING

◎ HUP HUP SPORTS CENTER ◎

狼羊大战

场地布置说明 Field Layout Instructions ▸▸▸

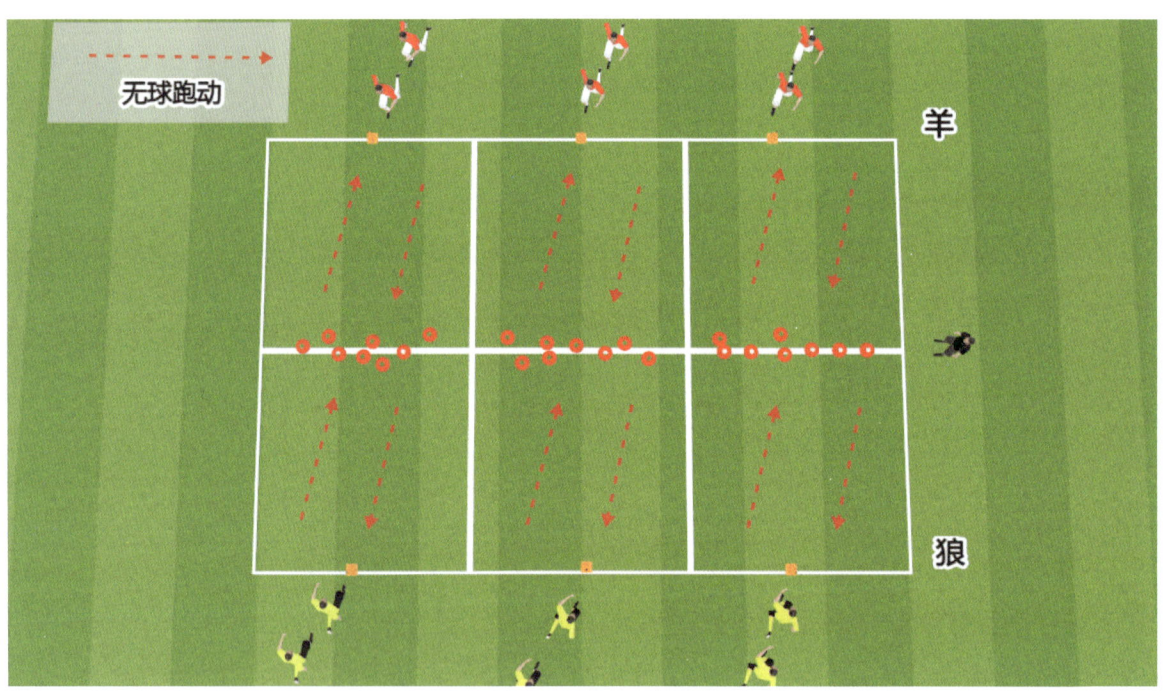

A1 便携场地围网

B1 太阳花标志碟

D2 小型标志筒

器材准备：

1. 1.5 米 ×0.8 米的便携场地围网 28 个。
2. 太阳花标志碟 30 个。
3. 小型标志筒 10~12 个。

使用建议：

1. 使用围网完成 1 个 12 米 ×9 米的场地活动区域。
2. 用小型标志筒标志出 6 个长方形格子，如图所示。
3. 每一条公共边摆放 10 个太阳花标志碟。

游戏规则 Game Rules ▸▸▸

- 将所有小朋友分成 2 队，一队扮演成老狼队，另一队扮演成小羊队，两队小朋友纵向站在格子两端，形成对抗分组游戏。
- 教师吹哨后，老狼队和小羊队的第一位小朋友迅速跑向区域内中线的标志碟区，弯腰捡起标志碟，然后迅速跑回起点（一次只能捡起一个标志碟）。
- 第一位小朋友跑回与第二位小朋友击掌后，第二位小朋友即可出发。
- 教师在一边计时，看看哪一组能用更快的速度抢完标志碟。

注意事项 Notice ▸▸▸

- 教师可以提醒小朋友，在自己的队友跑动时，可以帮忙打气加油。

家庭小课堂

- **做一做：**
在家里空旷区域摆出一条通道，试试看来回跑动需要多长时间？

- **想一想：**
在弯腰时怎样做才能更快速捡到标志碟呢？

HUP!HUP!

跑起来

场地布置说明 Field Layout Instructions ▸▸▸

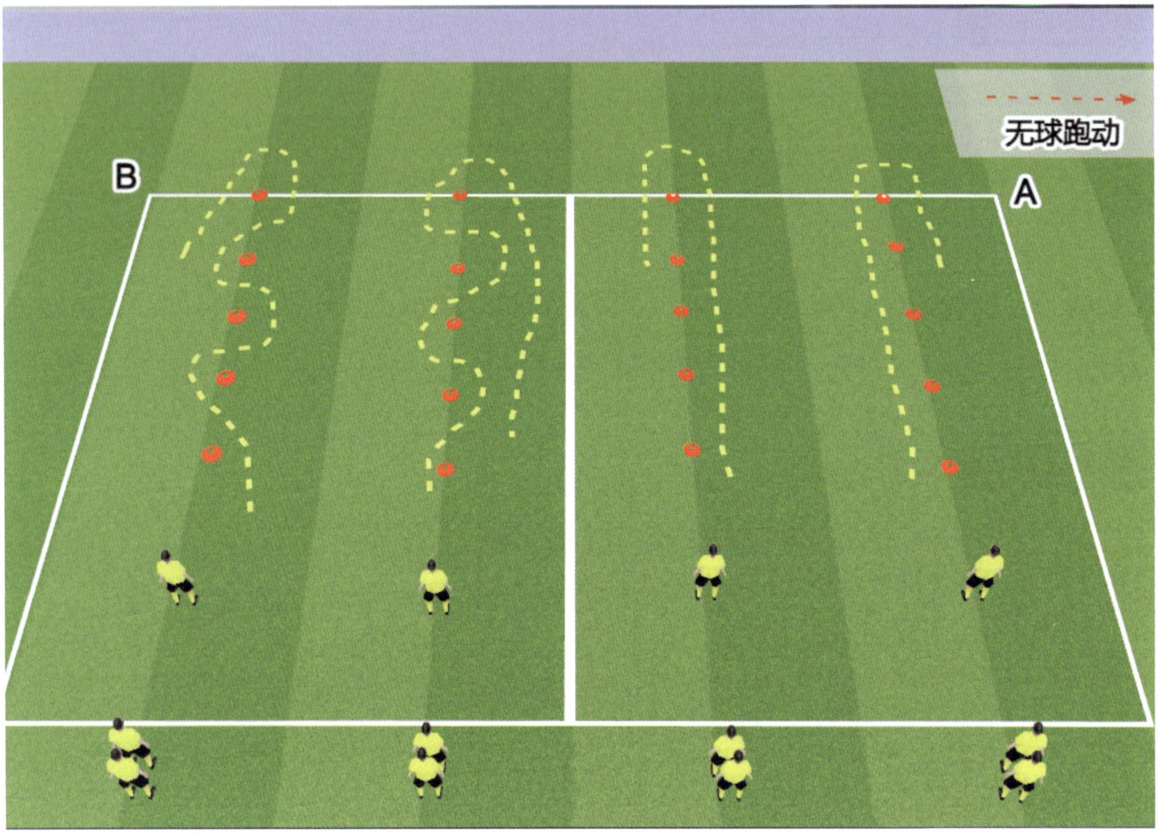

无球跑动

A1 便携场地围网

B1 太阳花标志碟

D2 小型标志筒

器材准备：

1. 1.5 米 ×0.8 米的便携场地围网 28 个。
2. 太阳花标志碟 20 个。
3. 小型标志筒 6~8 个。

使用建议：

1. 使用围网完成 1 个 12 米 ×9 米的场地活动区域。
2. 将标志碟纵向摆放，每列 5 个。
3. 场地用小型标志筒划分成 2 个区域，区域 A 和区域 B。

游戏规则　Game Rules

- 将小朋友分为 4 组，每组 5~6 人，2 组小朋友先到区域 A 进行游戏，剩余 2 组小朋友到区域 B 进行游戏。
- 区域 A 的小朋友沿标志碟的路线直线跑到最后一个标志碟处，绕过标志碟，然后往回跑，与下一名小朋友击掌，下一名小朋友可以出发游戏，直到该组所有小朋友完成练习。
- 区域 B 的小朋友使用"S"型的方式绕过标志碟，通过最后一个标志碟后加速然后往回跑，与下一名小朋友击掌，下一名小朋友可以出发，直到该组所有小朋友完成练习。
- 游戏进行一轮后，区域 A 和区域 B 的小朋友进行互换，再次进行绕标志碟跑动。
- **难度升级：** 将所有小朋友分成 4 组，教师吹哨后，每组的第一位小朋友侧向螃蟹步跑，跑到终点时，以同样的方式侧向螃蟹步跑回。跑回后与下一名小朋友击掌，下一名小朋友可以出发。

注意事项　Notice

- 教师需提醒小朋友注意：侧向螃蟹步跑时需要注意不要摔倒。
- 教师可以提醒小朋友加速跑的时候需要尽力。

家庭小课堂

- **做一做：**
  在家练习背贴墙面侧身走动。

- **想一想：**
  想一想，你和小伙伴一起做过哪些热身练习？

与时间竞赛

场地布置说明 Field Layout Instructions

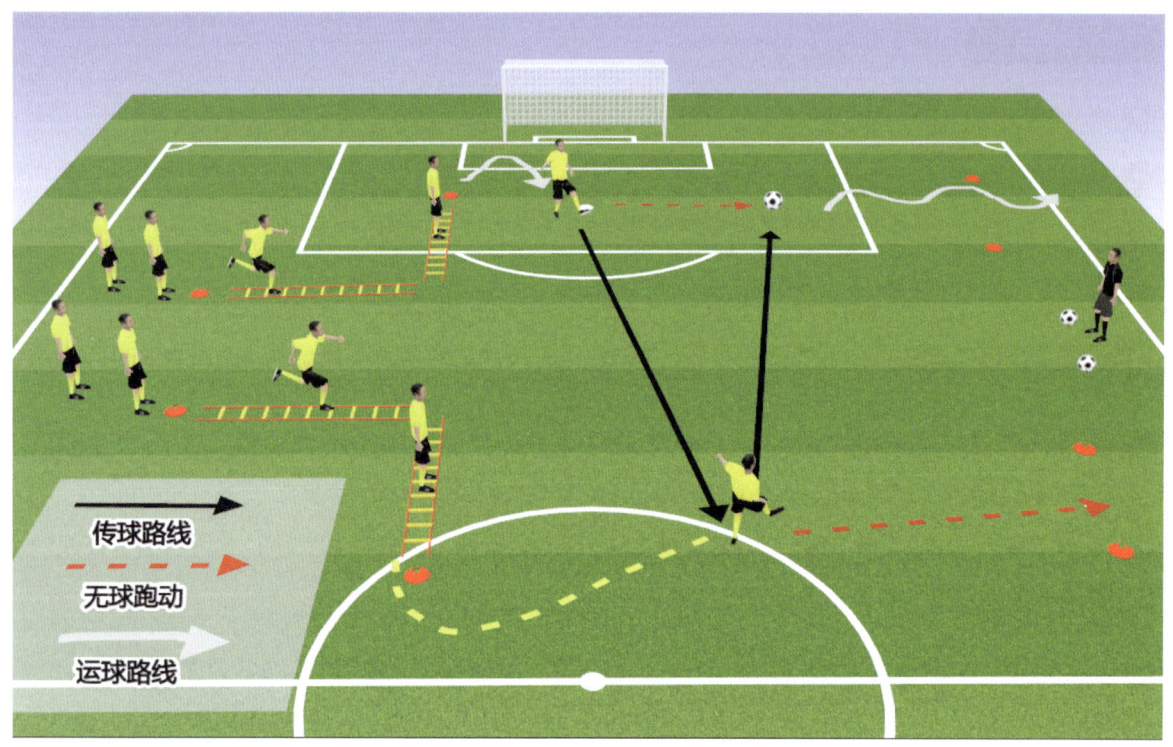

传球路线
无球跑动
运球路线

A1 便携场地围网

B1 太阳花标志碟

C2 绿茵王者（4号）

H1 敏捷梯

· 希望篇 ·

器材准备:

1. 1.5 米 ×0.8 米的便携场地围网 28 个。
2. 太阳花标志碟 8 个。
3. 4 号足球 10 个。
4. 敏捷梯 4 个。

使用建议:

1. 使用围网完成 1 个 12 米 ×9 米的场地活动区域。
2. 将敏捷梯与太阳花标志碟如图摆放。
3. 在一侧敏捷梯末端放置 1 个足球。

速度能力

游戏规则　Game Rules ▶▶▶

- 将所有小朋友分成 2 组。
- 小朋友先以直线形快速跳跃（可选择单脚跳、双脚并拢跳）通过敏捷梯，然后按照敏捷梯的方向进行侧面快速跨越敏捷梯。
- 小朋友 1 加速带球 5 米之后将球传给小朋友 2，小朋友 2 回传给小朋友 1，如图片中的黑色箭头所示。
- 小朋友 1 快速带球穿过标志碟间隙，小朋友 2 快速通过标志碟间隙，两人返回对方的队尾等待下一次练习。

注意事项　Notice ▶▶▶

- 教师需提醒小朋友保持正确的跑动方式快速前进。
- 教师注意小朋友的带球与传球动作的准确性，同时教师需要给小朋友计算游戏完成时间并提醒小朋友要用最快的速度通过。

家庭小课堂

- **做一做:**
  课余时间和小伙伴跳跳 9 宫格。

- **想一想:**
  带球穿过标志碟间隙时，步子要怎么调整呢？

—109—

主题五

爆发力能力
POWER TRAINING

◎ HUP HUP SPORTS CENTER ◎

巧巧虎

场地布置说明 Field Layout Instructions ▸▸▸

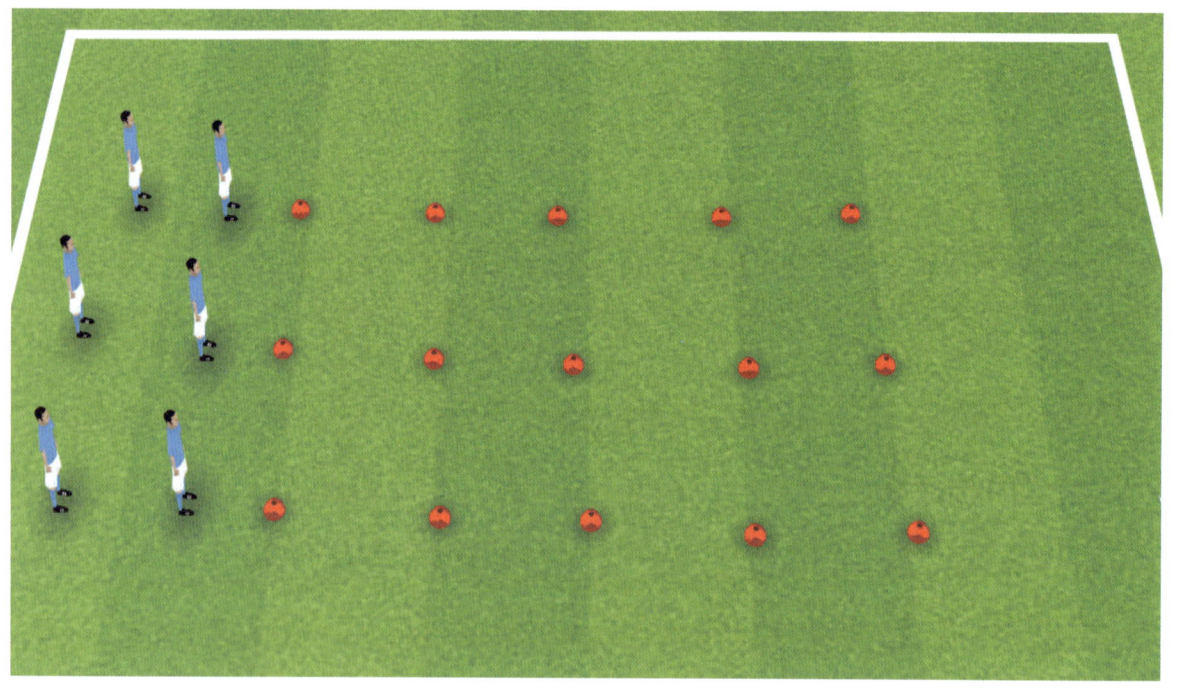

A1 便携场地围网

B1 太阳花标志碟

器材准备：

1. 1.5 米 ×0.8 米的便携场地围网 28 个。
2. 太阳花标志碟 15 个。

使用建议：

1. 使用围网完成 1 个 12 米 ×9 米的场地活动区域。
2. 将 5 个太阳花标志碟横向摆放成 1 列。

游戏规则 Game Rules ▸▸▸

- 小朋友扮演虎宝宝，将所有小朋友分为 3 组。
- 第一只小虎双脚合并（可采用其他跳跃方式如正面单脚跳、侧面双脚跳、正面双脚合并跳跨过标志碟）往前跳跃，跨过 5 个标志碟后，沿旁边通道直线跑回队尾重新排队。
- 最后比一比，哪一组的用时比较少。

注意事项 Notice ▸▸▸

- 教师需向小朋友展示如何通过摆动手臂来增加跳跃的距离。
- 教师需指导小朋友运用腿部的爆发力带动身体进行起跳。

 家庭小课堂

- 做一做：
  在家做一做课堂学习中的一种跳跃动作。

- 想一想：
  回忆一下用身体哪个部位的爆发力能使自己跳得更高更远呢？

爆发小宇宙

场地布置说明 Field Layout Instructions

A1 便携场地围网

B2 圆形标志碟

C2 绿茵王者（4号）

D2 小型标志筒

器材准备：

1. 1.5 米 ×0.8 米的便携场地围网 28 个。
2. 圆形标志碟 20 个。
3. 4 号足球 6 个。
4. 小型标志筒 6~8 个。

使用建议：

1. 使用围网完成 1 个 12 米 ×9 米的场地活动区域。
2. 将小型标志筒放置在场地四周，形成 AB 两组游戏区域。
3. 圆形标志碟摆放在场地中央作为障碍物，A 组放置 4 个，B 组放置 9 个。
4. 用圆形标志碟标志出起点位置。

游戏规则 Game Rules ▶▶▶

- 根据小朋友数量，分别扮演白兔队与黑兔队，每组各派一名小朋友轮流出发。
- 白兔队（A 组无球）：小朋友先进行 10 米直线加速跑，然后围绕圆形标志碟进行 5 米侧滑步，再次进行 10 米直线加速跑，最后慢跑至初始位置。
- 黑兔队（B 组有球）：小朋友抱球从第一个标志碟出发，依次绕过每个标志碟，注意变向速度，不能碰到标志碟，绕过所有标志碟后，慢跑至初始位置。
- 白兔队和黑兔队小朋友各重复练习 5 组后交换位置练习。

注意事项 Notice ▶▶▶

- 教师需提醒小朋友：直线冲刺跑时要合理利用腿部和身体的爆发力进行快速启动奔跑。
- 教师需提醒小朋友：变向后需要利用腿部爆发力进行突然加速启动。

 家庭小课堂

- 做一做：
  试试直线抱球到障碍物时快速做出变向的动作。

- 想一想：
  你觉得哪一只脚的爆发力更好呢？

袋鼠跨栏

场地布置说明 Field Layout Instructions ▶▶▶

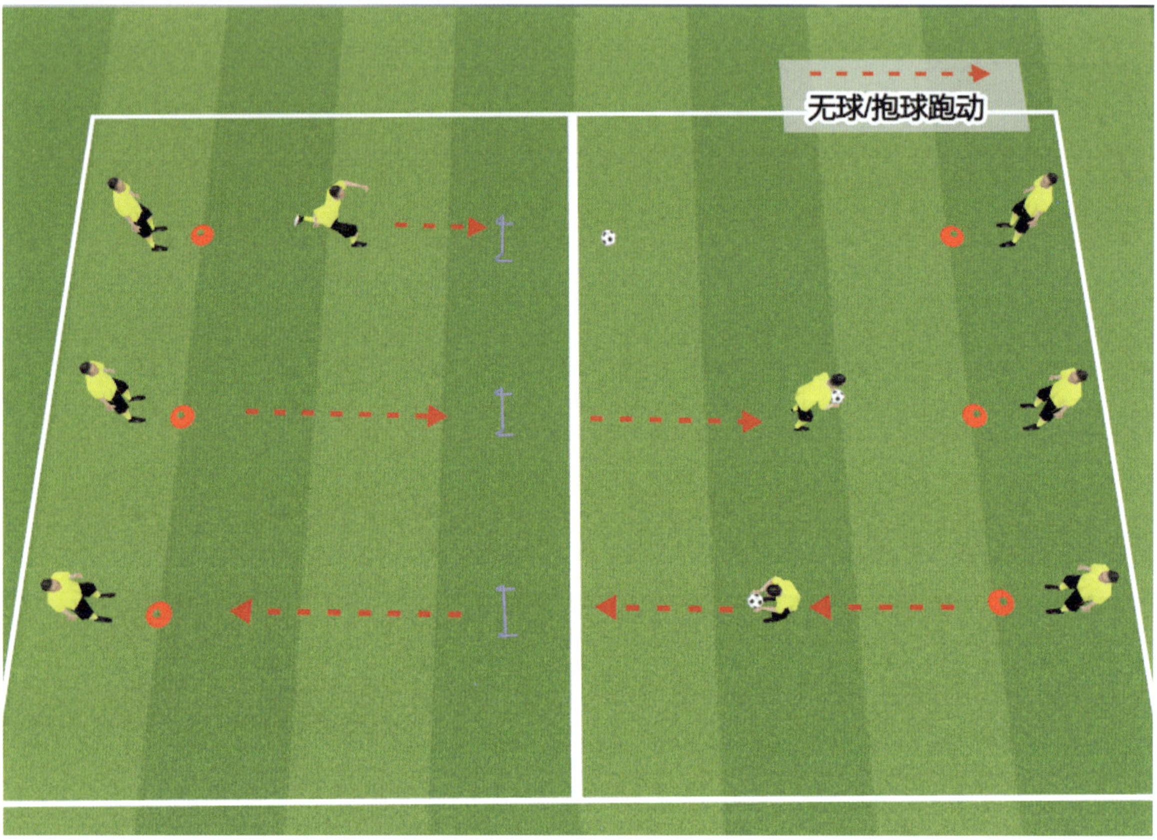

无球/抱球跑动

A1 便携场地围网

B1 太阳花标志碟

C2 绿茵王者（4号）

F2 中号跨栏框

器材准备：

1. 1.5 米 ×0.8 米的便携场地围网 28 个。
2. 太阳花标志碟 6 个。
3. 4 号足球 每人 1 个。
4. 中号跨栏框 3 个。

使用建议：

1. 使用围网完成 1 个 12 米 ×9 米的场地活动区域。
2. 用太阳花标志碟标志出起点和终点。
3. 将中号跨栏框放置在场地中央。

游戏规则 Game Rules ▶▶▶

- 教师扮演袋鼠爸爸，小朋友扮演小袋鼠，按照人数分为 3 组，两边的小袋鼠站在距中央跨栏各 5 米处的标志碟后面。
- 右侧袋鼠：听到"袋鼠爸爸"口令后冲向跨栏，到达栏框后跳过跨栏框，然后抱球快速跑到另一端标志碟，将球传给左侧的"袋鼠"后，站在左侧位置。
- 左侧袋鼠：接到右侧"袋鼠"运过来的球后，快速启动抱球跑向跨栏框，在跨栏框前将球放下，然后在跳过跨栏框后快速启动冲刺跑向右侧标志碟。

注意事项 Notice ▶▶▶

- 教师需提醒小朋友：小朋友冲刺跑时要合理利用腿部的爆发力和上肢配合进行快速启动。
- 教师需告知小朋友：跳跃跨栏框是需要用腿部最大爆发力往高跳跃。

家庭小课堂

- **做一做：**
  小朋友在家模仿袋鼠，双脚蹲下后突然往上起跳。

- **想一想：**
  跳过跨栏框落地时要用脚的哪部分先触地呢？

主题六

－反应能力－
REACTION TRAINING

◎ HUP HUP SPORTS CENTER ◎

乌龟回家

场地布置说明 Field Layout Instructions ▸▸▸

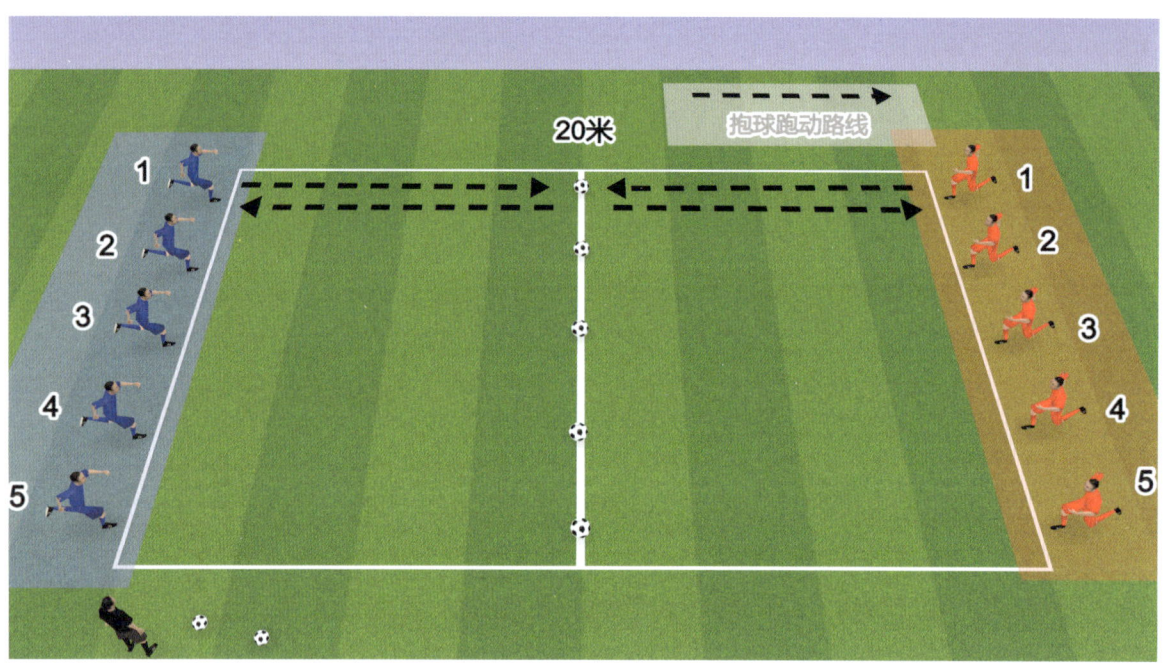

A1 便携场地围网

C2 绿茵王者（4号）

器材准备：

1. 1.5米×0.8米的便携场地围网28个。
2. 4号足球5个。

使用建议：

1. 使用围网完成1个12米×9米的场地活动区域。
2. 将足球放置在场地中线位置上。

游戏规则 Game Rules ▶▶▶

- 小朋友扮演小乌龟，每组5人，一组为神龟队，另一组为绿龟队。
- 每组的5名小朋友各贴上1到5的数字（或教师指定每一位小朋友编号）。
- 听教师口令，喊出数字1时，双方的1号小朋友需要出列，同时往前跑，抢夺他们面前的足球。
- 抢到球的小朋友要抱球回出发区域，可为本队争取1分（注：小朋友不能带球进入对方半场）。

注意事项 Notice ▶▶▶

- 教师可以为小朋友创造一个有趣的竞争环境，激发小朋友的竞争意识。
- 教师需提醒小朋友集中注意力听口令。

家庭小课堂

做一做：
和小伙伴1对1抢球，算算5分钟内能抢到多少次。

想一想：
在进行远距离抢球时，需要怎么做才能不让球被别人抢到呢？

小绵羊与大灰狼

场地布置说明 Field Layout Instructions ▸▸▸

无球跑动

A1 便携场地围网

B1 太阳花标志碟

器材准备：

1. 1.5 米 ×0.8 米的便携场地围网 28 个。
2. 太阳花标志碟 14~16 个。

使用建议：

1. 使用围网完成 1 个 12 米 ×9 米的场地活动区域。
2. 用标志碟标志出 6 个方形区域，且标志出起始区域。

游戏规则　Game Rules ▶▶▶

- 挑出 6 名小朋友扮演大灰狼，其余所有小朋友扮演小绵羊并分成 2 组向前进发。
- 6 只大灰狼各站在 6 个方形区域，使用单脚跳的方式来抓闯进他们"家"（方形区域）的小绵羊们。
- 大灰狼在抓小绵羊时，要单脚跳，不能双脚跑动。
- 游戏开始后，小绵羊们可以利用速度、变向，躲过大灰狼通过他们的"家"（方形区域）。
- 如果小绵羊被大灰狼触摸到，则被淘汰出局，若躲过大灰狼的小绵羊，可以直线跑回队尾继续参与游戏。
- 3~5 分钟为一轮游戏结束。

注意事项　Notice ▶▶▶

- 教师告知小朋友：可以尝试用假动作摆脱防守小朋友。
- 教师需提醒小朋友：向前跑步时要避免和其他小朋友碰撞。

家庭小课堂

做一做：
你和妈妈或爸爸面对面，试试看能不能从旁边经过不被他们抓到呢？

想一想：
经过爸爸妈妈身边时，要怎么做才能避免被抓到？

数字方块

场地布置说明 Field Layout Instructions

A1 便携场地围网

B1 太阳花标志碟

C2 绿茵王者（4号）

D2 小型标志筒

D3 哈咘不倒翁

· 希望篇 ·

器材准备：

1. 1.5 米 ×0.8 米的便携场地围网 28 个。
2. 太阳花标志碟 16 个。
3. 4 号足球每人 1 个。
4. 哈咘不倒翁 10 个。
5. 小型标志筒 8~10 个。

使用建议：

1. 使用围网完成 1 个 12 米 ×9 米的场地活动区域。
2. 标志碟 4 个为一组，放置活动区域四角，围成 4 个方形。
3. 哈咘不倒翁，以 1 个、2 个、3 个、4 个为一组，各自放置上述 4 个方形中心。
4. 将小型标志筒当作障碍物，放置在场地中。

游戏规则 Game Rules ▶▶▶

- 教师吹哨表示游戏开始，小朋友们每人一个球，在活动区域内抱球活动。
- 教师发出指令"1 或 2 或 3 或 4"，小朋友需要快速反应用最快的速度抱球跑向相应编码的方形区域。
- 教师再次吹哨，小朋友们离开方形区域，继续自由运动。
- 教师发出约 10 个指令后，结束一轮游戏。
- **难度升级 1：**小型标志筒当作障碍物，放置在场地中，小朋友抱球跑动时，不许碰到标志碟，碰到标志碟的小朋友就要被淘汰，看看 10 轮游戏后，场上还剩下多少位小朋友。
- **难度升级 2：**可以将不同颜色的小型标志筒放置在 4 个方形中心，标志筒的颜色代表区域的颜色，如红色区域、蓝色区域、黄色区域、绿色区域。当教师喊出不同颜色区域时，小朋友需根据指令跑向相应的颜色区域。

反应能力

注意事项 Notice ▶▶▶

- 教师需提醒小朋友：进行游戏时，小朋友需集中注意力听教师发出的指令。

家庭小课堂

做一做：
回家跟爸爸妈妈一起玩，比一比谁能在听到指令时更快到达指令区域！

想一想：
抱球的时候应该怎么做才能以最快反应去到指定地点呢？

-121-

主题七

综合体适能
COMPREHENSIVE FITNESS GAMES

◎ HUP HUP SPORTS CENTER ◎

乘胜追击

场地布置说明 Field Layout Instructions ▶▶▶

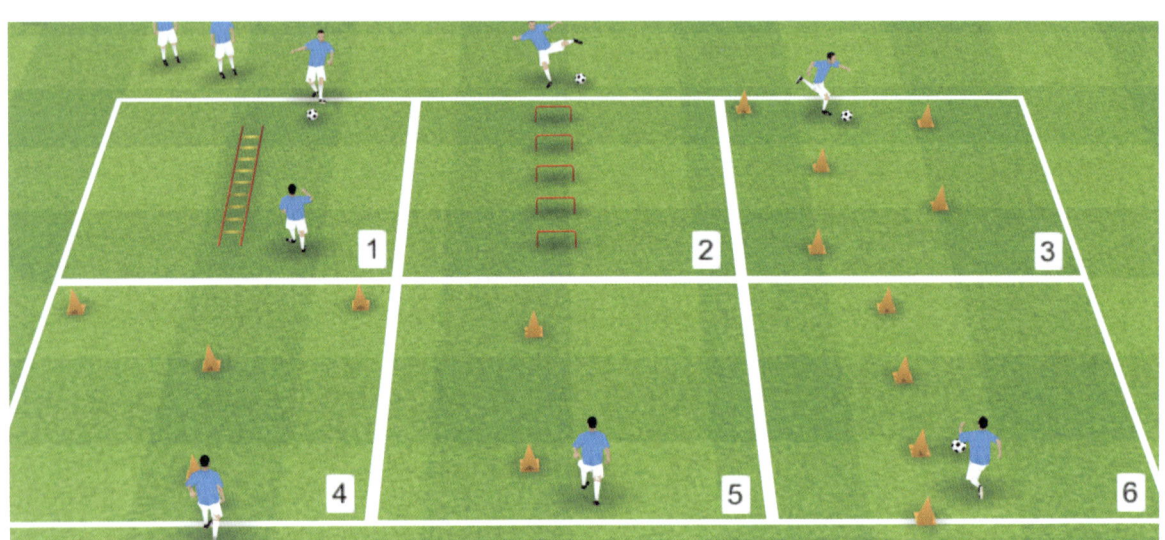

A1 便携场地围网

B2 圆形标志碟

C2 绿茵王者（4号）

D1 雪糕标志筒

H1 敏捷梯

F1 小号跨栏框

器材准备：

1. 1.5 米 ×0.8 米的便携场地围网 28 个。
2. 圆形标志碟 5~6 个。
3. 4 号足球 15~20 个。
4. 雪糕标志筒 6~8 个。
5. 小号跨栏框 5 个。
6. 敏捷梯 1 个。

使用建议：

1. 使用围网完成 1 个 12 米 ×9 米的场地活动区域。
2. 将敏捷梯、小号跨栏框、雪糕标志筒如上图摆放。

游戏规则 Game Rules

- 每名小朋友排队按数字顺序依次完成 6 个练习。
- 1 号区域 – 小朋友抱球单脚跳跃跳过敏捷梯。
- 2 号区域 – 小朋友抱球,采用双脚并拢的方式跳过跨栏框。
- 3 号区域 – 小朋友抱球进行"之"字形练习,锻炼小朋友快速变向。
- 4 号区域 – 抱球以 80% 的速度冲刺到场地中心的标志筒,然后向一侧变向并爆发为全速。
- 5 号区域 – 抱球到达第一个标志筒把球放下,然后冲刺到第二个标志筒再冲刺返回,最后抱球返回起点。
- 6 号区域 – 抱球向第一个标志筒冲刺,再返回起点,然后抱球向第二个标志筒冲刺,再返回起点,再抱球向第三个标志筒冲刺,依次完成练习。

注意事项 Notice

- 教师可以注意小朋友数量和小朋友在场上的情况,从而增加或减少场地玩法。

家庭小课堂

 做一做：
在家里地板上摆放书本,试试看能不能跳跃跨过它们?

想一想：
怎么兼顾速度和动作的准确度?

保卫家园

场地布置说明 Field Layout Instructions

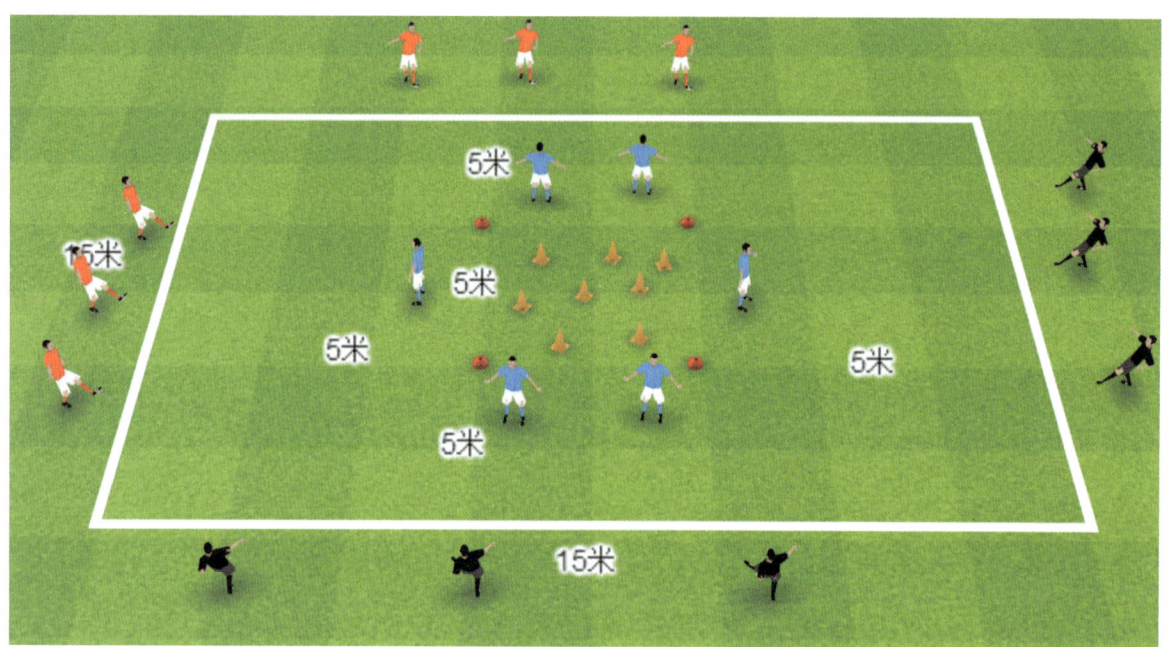

A1 便携场地围网

B1 太阳花标志碟

C2 绿茵王者（4号）

D2 小型标志筒

器材准备：

1. 1.5米×0.8米的便携场地围网28个。
2. 太阳花标志碟6~8个。
3. 4号足球12个。
4. 小型标志筒10个。

使用建议：

1. 使用围网完成1个12米×9米的场地活动区域。
2. 用太阳花标志碟围成3米×3米的正方形区域。
3. 将小型标志筒摆放在正方形区域内。

游戏规则 Game Rules ▶▶▶

- 将所有小朋友分成2组，一组为守卫队，另一组为进攻队。6名守卫队队员负责保护方形区域内的标志筒（正方形的每一条边上都派2名队员把守），进攻队小朋友分别站在场地四周。
- 进攻队需要用手投球把标志筒全部打倒，即为胜利。反之，守卫队需要在自己的岗位上移动拦截球，但是不可以进入正方形区域内。
- 3分钟后，看看进攻队能不能将标志筒全部打倒。

注意事项 Notice ▶▶▶

- 教师需提醒投球的小朋友不要大力进行投球，而是强调投球打倒目标物的精准度。
- 教师需提醒小朋友投球前要注意观察场内其他小朋友的动向。

家庭小课堂

- **做一做**：
  小朋友1分钟原地蹲下再跳跃起来，看一下可以完成多少次。

- **想一想**：
  如何在投球时更准确地投中目标呢？

木偶提线

场地布置说明 Field Layout Instructions ▶▶▶

A1 便携场地围网

B2 圆形标志碟

C2 绿茵王者（4号）

F2 中号跨栏框

器材准备：

1. 1.5 米 ×0.8 米的便携场地围网 28 个。
2. 圆形标志碟 20 个。
3. 4 号足球 1 个。
4. 中号跨栏框 2 个。

使用建议：

1. 使用围网完成 1 个 12 米 ×9 米的场地活动区域。
2. 用圆形标志碟标志出 6 个方形区域。
3. 在 2 号区域放置 1 个足球与几个不同颜色的圆形标志碟。
4. 在 1 号和 3 号区域分别放置 1 个中号跨栏框。
5. 在 6 号区域按照"之"字形摆放中号标志碟。

游戏规则 Game Rules

- 小朋友扮演木偶，教师扮演木偶师傅。每名木偶排队按数字顺序依次完成 6 个练习：
- 1 号区域 – "小木偶"两手、两膝着地爬过跨栏框 1 次。
  2 号区域 – 仔细听"木偶师傅"指令，"小木偶"需抱球到不同颜色标志碟处。
  3 号区域 – "小木偶"双脚并拢来回跳过跨栏框 1 次。
  4 号区域 – "小木偶"根据"木偶师傅"指令做动作，蹲下或跳跃 6 次。
  5 号区域 – "小木偶"加速向前跑并触摸底处白线后返回。
  6 号区域 – "小木偶"按"z"字形左右手摸标志碟。
- 第一个"木偶"出发完成第一个区域后，第二个"木偶"可出发。

注意事项 Notice

- 教师需教导小朋友动作要标准，注意力集中。
- 教师需提醒小朋友要按照区域数字顺序完成游戏练习。

家庭小课堂

- 做一做：
  原地蹲下跳跃 1 分钟。

- 想一想：
  最喜欢做哪种体能游戏？

摆脱影子

场地布置说明 Field Layout Instructions ▶▶▶

A1 便携场地围网

C2 绿茵王者（4号）

G1 幼儿安全足球门

器材准备：

1. 1.5 米 ×0.8 米的便携场地围网 28 个。
2. 4 号足球 5~6 个。
3. 幼儿安全足球门 4 个。

使用建议：

1. 使用围网完成 1 个 12 米 ×9 米的场地活动区域。
2. 将 4 个足球门分别放置活动区域的 4 条底线。

游戏规则　Game Rules ▸▸▸

- 一名小朋友扮演超人，另一名小朋友扮演影子，2 个人为 1 组。场内可以同时有 5~6 组人一起游戏。
- 超人抱球，作为超人的影子紧跟抱球的超人，2 人距离在 1~1.5 米。
- 影子会一直跟随超人，超人要持续变换方向，尽可能甩掉影子并把球用手投进球门。
- 听到教师发出交换角色的口令后，2 人交换角色。

注意事项　Notice ▸▸▸

- 教师可在合适的时间指导抱球小朋友做变速和变向。
- 教师需教导小朋友投球时要抬头观察球门方向。

家庭小课堂

- **做一做：**
  小朋友练习带球变换方向时，先向反方向做假动作，然后带球变换方向。

- **想一想：**
  怎么做假动作更有效呢？

冰淇淋大作战

场地布置说明 Field Layout Instructions ▶▶▶

A1 便携场地围网

C2 绿茵王者（4号）

D2 小型标志筒

· 希望篇 ·

器材准备：

1. 1.5 米 ×0.8 米的便携场地围网 28 个。
2. 4 号足球 每人 1 个。
3. 小型标志筒 12 个。

使用建议：

1. 使用围网完成 1 个 12 米 ×9 米的场地活动区域。
2. 活动区域周边，分别放置不同颜色的小型标志筒。

游戏规则 Game Rules ▶▶▶

- 小朋友扮演小顾客到冰淇淋店（活动区域）购物（抱球自由跑动）。
- 教师扮演商场老板，顾客要抱球听老板指令（喊出不同的颜色）到达对应口味的"冰淇淋"（标志筒）处。
- **难度升级：** 老板也可以通过在活动区域周边放置不同数量的雪糕筒，让小顾客通过老板的指令（喊出数字：1、2、3 等），让小顾客抱球到达对应数量的"冰淇淋"（标志筒）处。在熟悉游戏之后，老板可以喊出："5-3=？"（10 以内的加减法），让小顾客自己判断出数字，抱球到正确位置上。

注意事项 Notice ▶▶▶

- 教师需指导小朋友抱球跑动时需要集中注意力听口令。
- 听到口令后要快速做出反应和躲避其他小朋友。

综合体适能

 家庭小课堂

 做一做：

回家后，你能不能跟爸爸妈妈讲述怎样才能快速找到指定区域呢？

 想一想：

我们应该怎么用身体各部位的配合快速到达指令地方呢？

全速前进

场地布置说明 Field Layout Instructions

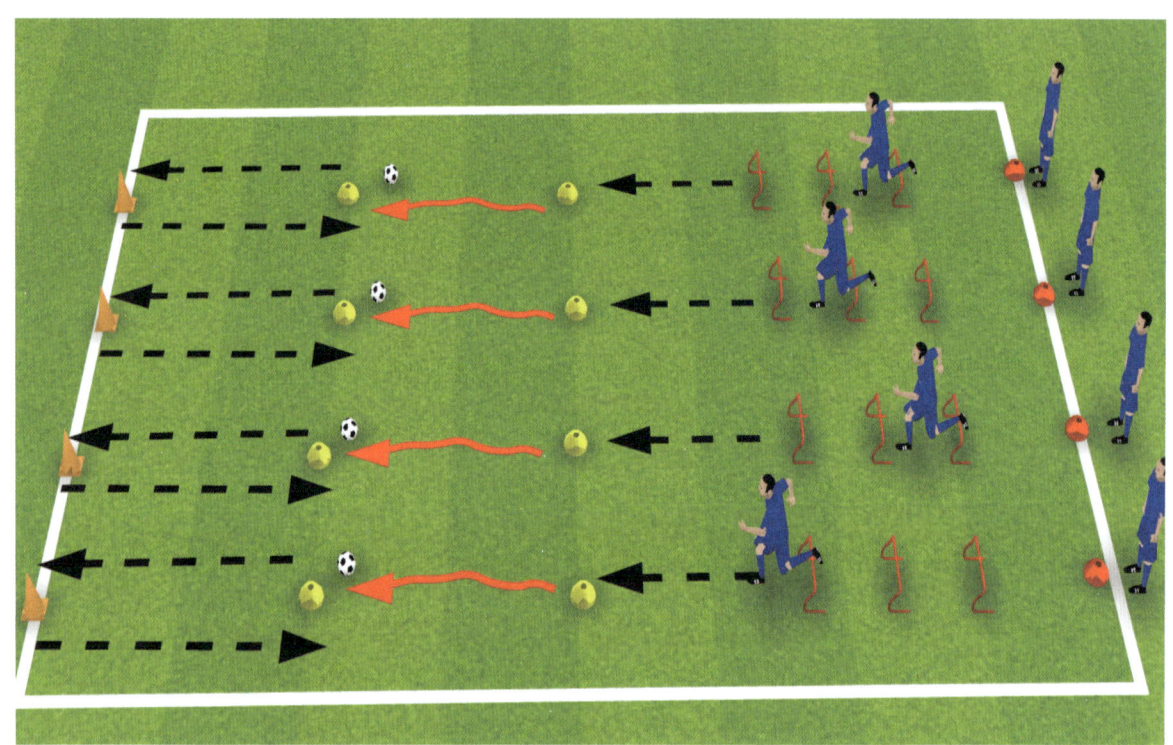

A1 便携场地围网

B1 太阳花标志碟

C2 绿茵王者（4号）

D2 小型标志筒

F1 小号跨栏框

器材准备:

1. 1.5 米 ×0.8 米的便携场地围网 28 个。
2. 太阳花标志碟 8 个。
3. 4 号足球每人 1 个。
4. 小型标志筒 10~20 个。
5. 小号跨栏框 8~12 个。

使用建议:

1. 使用围网完成 1 个 12 米 ×9 米的场地活动区域。
2. 太阳花标志碟放置起点和终点区域。
3. 每队行进路线设置 3 个小号跨栏框。
4. 用小型标志筒布置行进路线。
5. 将球放置小号跨栏框前。

游戏规则 Game Rules ▶▶▶

- 将所有小朋友分成 4 组，小朋友在标志碟后纵向排好队。
- 每组队伍的第一名小朋友抱球原地转 3 圈。
- 转完圈后双脚并拢跨过跨栏框，抱球继续向前跑，绕过标志筒，返回起点时把球传给第二名小朋友，第二名小朋友抱球原地转圈后继续向前跑。
- 看看哪一组小朋友可以更快地完成游戏。

注意事项 Notice ▶▶▶

- 教师需提醒小朋友在原地转圈之后，要注意跳跃的平衡性。
- 教师可告知小朋友可选用适合自己的跨栏方式（双脚并拢跳、跨步跳等）。
- 教师需提醒小朋友中途不能停留，不动或走路前进。

 做一做:
练习行进间的加速和减速。

 想一想:
如何在最短时间内发挥出更快的速度呢？

海底总动员

场地布置说明 Field Layout Instructions

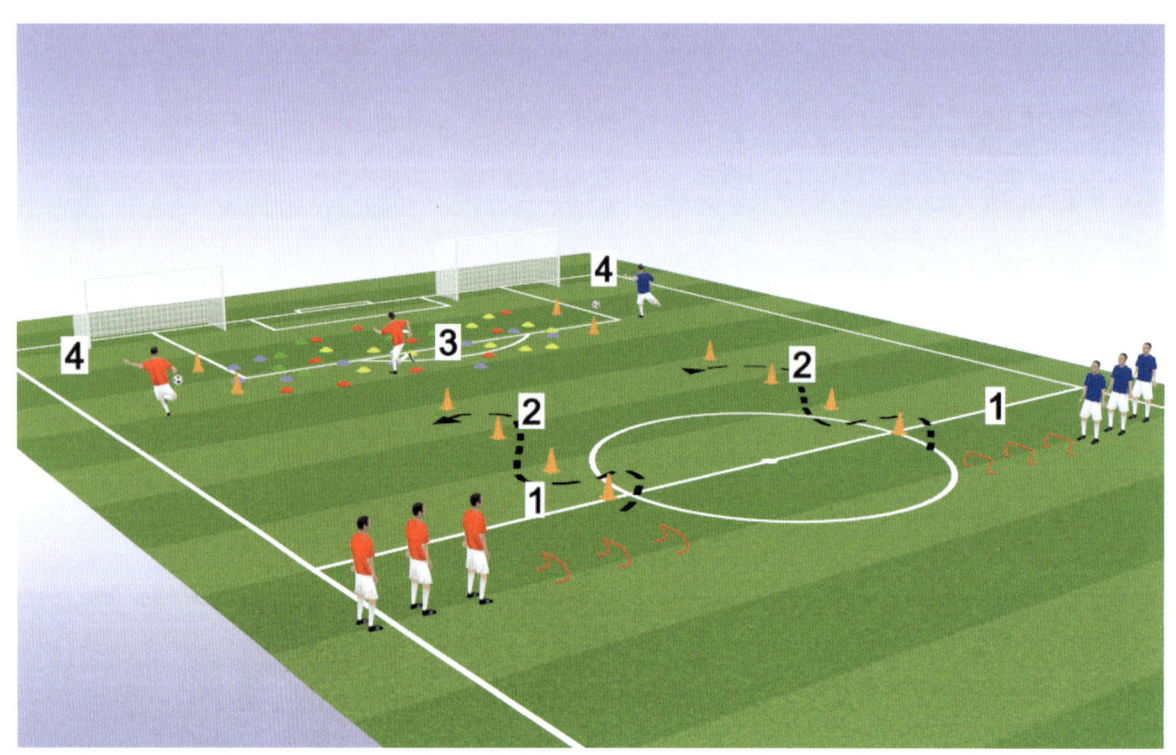

A1 便携场地围网

B2 圆形标志碟

C2 绿茵王者（4号）

D2 小型标志筒

F1 小号跨栏框

G1 幼儿安全足球门

· 希望篇 ·

器材准备：

1. 1.5 米 ×0.8 米的便携场地围网 28 个。
2. 圆形标志碟 20 个。
3. 4 号足球每人 1 个。
4. 小型标志筒 8 个。
5. 小号跨栏框 6 个。
6. 幼儿安全足球门 2 个。

使用建议：

1. 使用围网和球门完成 1 个 12 米 ×10.2 米的场地活动区域。
2. 起始区域前设置小号跨栏框 3 个为 1 组。
3. 小型标志筒 4 个为 1 组直列场内作为障碍物。
4. 圆形标志碟放置在球门前方。
5. 球放置足球门前。

游戏规则 Game Rules ▸▸▸

- 小朋友扮演小海狮和小海豚，按照人数分成海狮队和海豚队，各站在场地的左右两侧。
- 小海狮和小海豚手抱球并单脚跨过跨栏框，接着"蛇"形绕过标志筒。来到"鲨鱼池"（标志碟）时，要小心地避开"鲨鱼"，不能"惊醒它们"（踩到标志碟），然后找准时机把球投进球门。

注意事项 Notice ▸▸▸

- 教师需引导小朋友合理运用身体下肢的爆发力通过障碍物。
- 教师需提醒小朋友，通过障碍物后不能减速和停顿。

- **做一做：**
  在家里摆设几个塑料瓶子当障碍物，然后利用下肢爆发力来带动身体跳跃通过障碍物。

- **想一想：**
  应该怎么样合理运用下肢爆发力量来配合身体做动作？

我们是灵活小能手

场地布置说明 Field Layout Instructions

A1 便携场地围网

C2 绿茵王者（4号）

D4 人形墙

器材准备：

1. 1.5米×0.8米的便携场地围网28个。
2. 4号足球20个。
3. 人形墙8个。

使用建议：

1. 使用围网完成1个12米×9米的场地活动区域。
2. 将4个人形墙纵向排列，每个人形墙旁边放置1个足球。

游戏步骤 Game Steps ▸▸▸

- 小朋友分成 2 组,一组扮演灰老鼠,另一组扮演白老鸭。
- 每只灰老鼠和白老鸭都会分配一粒"大米"(足球)。
- 灰老鼠和白老鸭要用手抱球的方式走到人形障碍物旁,放下自己手中的球,换上障碍物旁的球,然后继续向下一个障碍物跑去,继续换球。直到将所有的球换完,抱球直线加速跑回。

游戏规则 Team Rules ▸▸▸

- 所有小朋友分成 2 组,根据游戏规则进行比赛,比比哪一队的速度更快。

注意事项 Notice ▸▸▸

- 教师要提醒小朋友抱球时要注意观察周围环境,遇到障碍物时要避开。

家庭小课堂

 做一做:
在家里摆设几个雪糕筒,试试看能不能抱球绕过它们?

 想一想:
小朋友要记得什么时候换球抱球哦。

翻山越岭

场地布置说明 Field Layout Instructions ▶▶▶

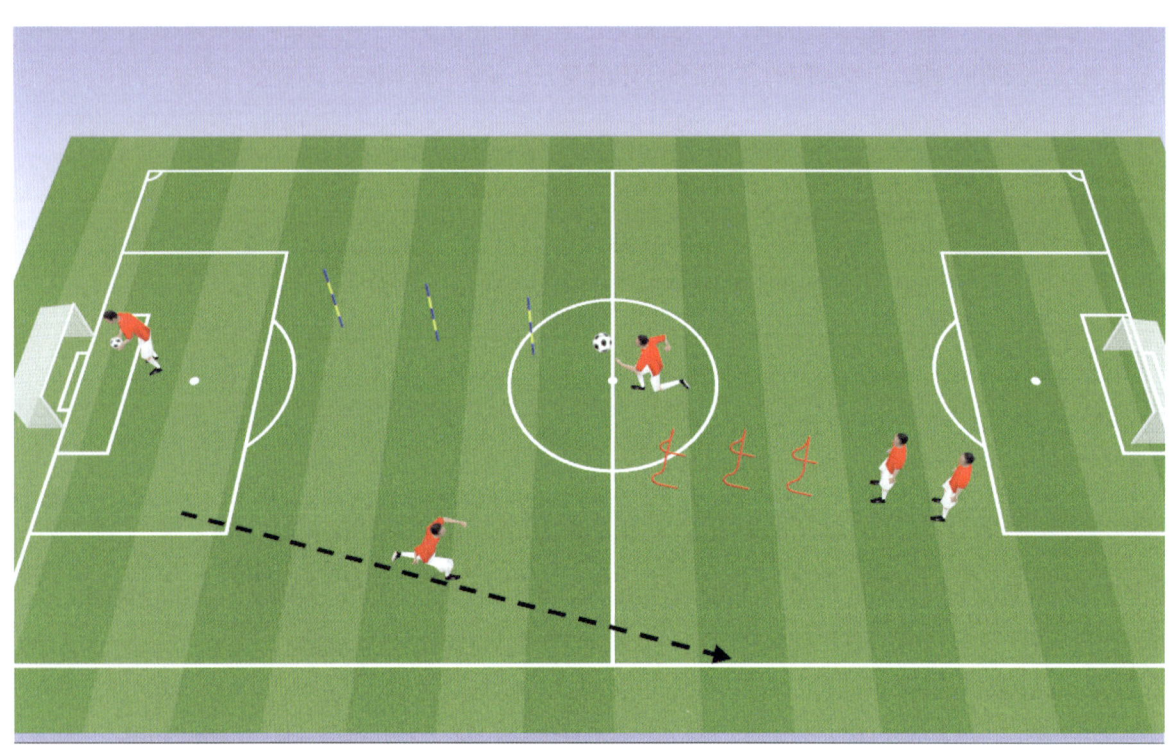

A1 便携场地围网 　　　C2 绿茵王者（4号）　　　B2 圆形标志碟

D3 哈咘不倒翁 　　　F1 小号跨栏框 　　　G3 半圆形足球门

· 希望篇 ·

器材准备：

1. 1.5 米 ×0.8 米的便携场地围网 28 个。
2. 4 号足球每队 1 个。
3. 哈咘不倒翁 4~6 个。
4. 圆形标志碟 4~6 个。
5. 小号跨栏框 4~6 个。
6. 半圆形足球门 2 个。

使用建议：

1. 使用围网完成 1 个 12 米 ×9 米的场地活动区域。
2. 圆形标志碟标出起跑线，同时标志出射门区域。
3. 活动区域中间，放置小号跨栏框。
4. 活动区域后端，放置哈咘不倒翁。

游戏规则 Game Rules

- 3 名小朋友分别扮演小跳虎、小乖虎、小皮虎。教师扮演虎爸爸。
- 虎爸爸在场上摆放好 3 个跨栏框和 3 个哈咘不倒翁，中线位置摆放 1 个足球，游戏前要示范一遍动作给虎宝宝看。跨过 3 个跨栏框后，抱上足球，接着蛇形绕过杆子，最后把球放置在球门里，然后直线后退跑回起点。
- 当听到虎爸爸的口令后，第一只虎宝宝开始出发，模仿虎爸爸刚才的示范。全部动作完成后，第二只虎宝宝再出发。以此类推，可反复排队练习。

游戏比赛 Team Games

- 教师根据场地布置说明图布置场地，并把小朋友们分成 2 队，每队 5 人。
- 比赛前教师把小朋友分开两边，吹哨时 2 队的第一名小朋友同时出发，跳过 3 个跨栏框，接着绕过障碍物，跑至指定区域后，后退跑回队伍与队内的下一名小朋友击掌，击掌后下一名小朋友方可出发。
- 教师计时，用时短的队伍获胜。

注意事项 Notice

- 教师需提醒小朋友在通过障碍物时需要运用身体协调和灵敏配合进行躲闪和跳跃。
- 教师需注意在无球游戏比赛环节，小朋友的跳跃姿势需要标准（双脚并拢跳跃跨栏框）。

家庭小课堂

- 做一做：
  小朋友，回到家后要教爸爸妈妈如何更好运用身体各部位配合进行躲闪和跳跃。

- 想一想：
  我们在通过障碍时怎样才能更好地避免触碰到东西呢？

太空大战

场地布置说明 Field Layout Instructions ▸▸▸

A1 便携场地围网

C2 绿茵王者（4号）

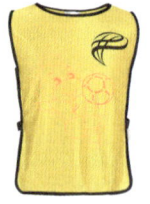
E1 分队背心（黄色）

E2 分队背心（绿色）

器材准备：

1. 1.5米×0.8米的便携场地围网28个。
2. 4号足球每人1个。
3. 分队背心每人1件。

使用建议：

使用围网完成1个12米×9米的场地活动区域。

游戏步骤 Game Steps

- 小朋友们分为2队,一队名为银河队,另一队名为战舰队,并且横向站在场地相对两侧。
- 第一轮练习:教师吹哨,两队分别抱球向对方区域跑去。
- 第二轮练习:两队所有小朋友向对面区域用脚夹球跳跃的方式把球运送到指定区域。
- 第三轮练习:难度升级。两队所有小朋友向对面区域用脚夹球跳跃的方式把球运送到指定区域,途中教师会干扰小朋友前进。

游戏规则 Game Rules

- 银河队与战舰队需要穿上分队背心。在教师吹哨时,两队分别用脚夹球跳跃的方式跳至对方区域内把球放下,然后跑回自己区域继续夹球出发。
- 和对方小朋友相遇时,要及时做出躲避和观察场上动向,避免相撞。
- 球在移动途中不能从两脚中脱离。
- 在一定时间内看哪一区域球较少哪一方为胜利方。

注意事项 Notice

- 教师需提醒小朋友使用正确部位夹球,不限脚踝,小腿、大腿位置。
- 教师需提醒小朋友时刻抬头观察场上动向和运用身体进行快速躲避,同时教师可以适当提醒小朋友剩余的时间以及现场比分情况等。

家庭小课堂

- 做一做:
  向爸爸妈妈描述这个游戏怎么玩。

- 想一想:
  怎么保护好自己的球不会从两腿间脱离呢?

猫捉老鼠

场地布置说明 Field Layout Instructions

A1 便携场地围网

I1 足球网兜袋（红色）

I2 足球网兜袋（灰色）

器材准备：

1. 1.5 米 ×0.8 米的便携场地围网 28 个。
2. 手提足球网兜 8~10 条。

使用建议：

1. 使用围网完成 1 个 12 米 ×9 米的场地活动区域。
2. 除去扮演猫的小朋友，其余扮演小老鼠的小朋友每人领 1 条网兜。

· 希望篇 ·

游戏规则 Game Rules ▸▸▸

- 将小朋友们分成2~3组,每组8~10人,每次一组小朋友参与游戏,另外两组小朋友围坐在场边为同伴加油打气。
- 小朋友们扮演小老鼠,网兜的绳子充当老鼠的尾巴,小老鼠们要将尾巴塞在裤边上,保证要有较长的一截露在裤子外面。
- 小朋友们装好小尾巴,分散站在活动区域内,教师先扮演猫。
- 教师吹响口哨,则游戏开始,猫努力地捕捉小老鼠,并成功地扯掉了一只小老鼠的尾巴。
- 失去尾巴的小老鼠成为新的猫,重新开始捕捉小老鼠,直至所有小老鼠都变成猫。
- 教师控制游戏时间,2~3分钟为一轮游戏。

游戏比赛 Team Games ▸▸▸

- 所有小朋友们分成2队,一队扮演大猫,另一队扮演小老鼠。
- 小老鼠队的人数约是大猫队的3倍。小老鼠队装好小尾巴后,分散站在活动区域内。
- 一轮游戏控制在3分钟内。教师吹哨后,大猫可以进入场地扯掉小老鼠尾巴,被抓的小老鼠需要离开场地。
- 当游戏结束的时候,留在场上的小老鼠数量比大猫多,则小老鼠胜利,反之,留在场上的小老鼠数量比大猫少,则大猫胜利。

综合体适能

注意事项 Notice ▸▸▸

- 新一轮游戏开始时,教师可以增加猫的数量来提升小老鼠的躲避难度,让游戏更有趣(在无球状态下进行游戏)。
- 教师要鼓励站在原地或慢走的小朋友跑起来,让其达到充分热身,并且教师要注意观察小朋友们的游戏情况,以防小朋友们碰撞在一起。

 家庭小课堂

- 做一做:
  跟爸爸妈妈一起尝试玩这个游戏!

- 想一想:
  当你是小老鼠时,面对猫的追捕,要怎样才能保护好你的尾巴呢?

主题八

控球能力
FOOTBALL (BALL CONTROL)

◎ HUP HUP SPORTS CENTER ◎

跳圈运粮

场地布置说明 Field Layout Instructions ▸▸▸

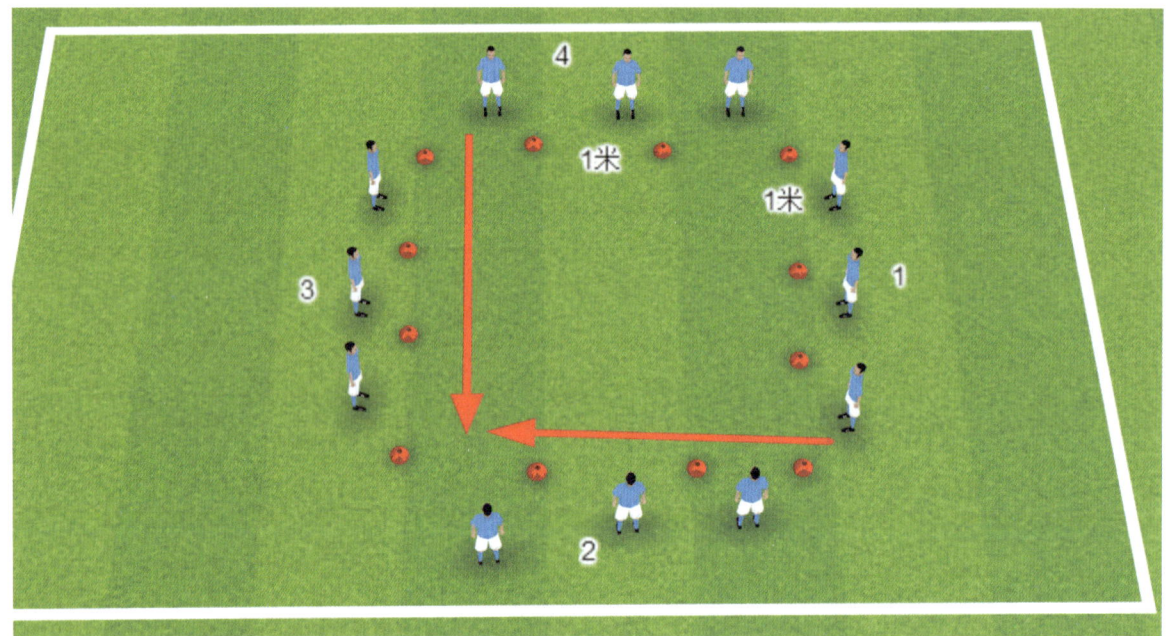

A1 便携场地围网

B1 太阳花标志碟

C2 绿茵王者（4号）

器材准备：

1. 1.5 米 ×0.8 米的便携场地围网 28 个。
2. 太阳花标志碟 14~16 个。
3. 4 号足球每人 1 个。

使用建议：

1. 使用围网完成 1 个 12 米 ×9 米的场地活动区域。
2. 标志碟放置在学员脚右侧。

游戏规则 Game Rules ▶▶▶

- 将所有小朋友分为 4 组（可根据小朋友数量调整每组人数），分别扮演熊猫队、小猴队、小象队和松鼠队。4 组队伍围成一个方形圈圈。
- 游戏开始，熊猫队的小朋友先拿球，听到教师发出数字口令时，熊猫队的队员要把球运到正确序号的队伍脚下（标志碟处），然后快速返回队伍所在区域。
- 教师可以指定某一组的组员运球到相应序号的队伍区域。

注意事项 Notice ▶▶▶

- 教师可以教导小朋友运球动作：双脚跳踩球前进后退、双脚内侧敲球前进后退。
- 教师需提醒小朋友运球过程中要抬头观察，找到目标位置。

家庭小课堂

- **做一做：** 练习双脚跳踩球前进后退。
- **想一想：** 怎么才能更好地用双脚控制好球呢？

寻找字母

场地布置说明 Field Layout Instructions ▶▶▶

A1 便携场地围网

B2 圆形标志碟

C2 绿茵王者（4号）

器材准备：

1. 1.5 米 ×0.8 米的便携场地围网 28 个。
2. 圆形标志碟 30~40 个。
3. 4 号足球每人 1 个。

使用建议：

1. 使用围网完成 1 个 12 米 ×9 米的场地活动区域。
2. 将标志碟按字母形状（如 S、W、N、H、V、Z）摆放。

游戏规则 Game Rules ▶▶▶

- 小朋友扮演小鹿，小鹿需要在"雪地"（场地）内用"脚掌"（足球）写出字母。
- 小鹿沿着标志碟标出的路线带球，画出一个字母的形状，要根据字母的形状做出变向动作。
- 当第一位小鹿出发之后，教师可以吹哨，让第二位小鹿出发。

注意事项 Notice ▶▶▶

- 教师可以引导小朋友使用单脚左右变向运球，并鼓励小朋友将球控制在脚下，带球与标志碟靠得越近越好。
- 教师可以为小朋友创造一个有趣的环境，鼓励小朋友想象自己在画字母。

 家庭小课堂

- **做一做：**
  在家里摆放小凳子，试着带球围绕小凳子走圈圈。

- **想一想：**
  在带球走动时，需要怎么做才能保证球一直在自己的控制下呢？

自由口令

场地布置说明 Field Layout Instructions ▶▶▶

A1 便携场地围网

C2 绿茵王者（4号）

器材准备：

1. 1.5 米 ×0.8 米的便携场地围网 28 个。
2. 4 号足球每人 1 个。

使用建议：

使用围网完成 1 个 12 米 ×9 米的场地活动区域。

游戏规则 Game Rules

- 小朋友在场区内自由运球，每当教师问："海盗准备好了么？"小朋友需要回答："准备好了。"
- 小朋友需要根据教师的指令做出以下动作：

  口令 1（向船长致敬）：举起一只手臂，一只脚站立，另一只脚踩在足球上；

  口令 2（在船板上跳舞）：双脚跳踩球；

  口令 3（升起救生船）：用脚底带球向后移动，拉球向后移动（脚掌前后推拉球）；

  口令 4（升帆）：在场内自由运球（单脚左右变向运球），并摆动手臂。

注意事项 Notice

- 教师需提醒小朋友集中注意力，注意教师口令。
- 教师可以在进行游戏前，给小朋友讲解口令序号所对应的动作，并进行动作示范。

家庭小课堂

- 做一做：
  在家双脚跳踩球 10 次。

- 想一想：
  怎么做才能在听到口令时快速做出正确的动作呢？

进阶交通灯

场地布置说明 Field Layout Instructions

A1 便携场地围网

B2 圆形标志碟

C2 绿茵王者（4号）

D2 小型标志筒

· 希望篇 ·

器材准备：

1. 1.5 米 ×0.8 米的便携场地围网 28 个。
2. 圆形标志碟 3 个。
3. 4 号足球每人 1 个。
4. 小型标志筒 6~8 个。

使用建议：

1. 使用围网完成 1 个 12 米 ×9 米的场地活动区域。
2. 将小型标志筒四散在活动区域中间作为障碍物。

游戏规则 Game Rules ▶▶▶

- 挑选 1 名小朋友扮演小交警，站在场边，其他小朋友扮演司机，在场地内自由运球。
- 当教师拿出红色标志碟，表示红灯，司机要停止带球（一只脚踩在球上）；当教师拿出黄色标志碟，表示交通拥堵，司机要慢慢地带球（双脚内侧敲球）；当教师拿出绿色标志碟，表示绿灯，司机快速运球（可使用脚背运球、单脚左右变向运球）。如有司机违规，交警则向司机出示黄牌或红牌警告，累计两次黄牌则变为红牌，红牌则需暂停参与游戏（三个灯）。
- 教师告诉司机，汽车脏了，需要洗车（脚踩在足球上来回拉球），让小朋友模仿。

注意事项 Notice ▶▶▶

- 教师需要让小朋友明白遵守规则的重要性，培养小朋友的守则观念。
- 教师要注意观察小朋友的表现，保证小朋友在遇到标志碟障碍的时候能做到绕过标志碟继续前进，每一轮游戏开始时都可增加障碍物数量，提升小朋友的带球难度，让小朋友学会变向带球。

家庭小课堂

- **做一做**：
用"绿灯停，红灯慢行，黄灯行"的新规则来跟爸爸妈妈一起玩这个游戏！

- **想一想**：
有什么办法可以让这个游戏更有趣呢？（把自己的想法分享给教师，下次大家一起玩）

控球能力

瞄准宝物

场地布置说明 Field Layout Instructions ▶▶▶

A1 便携场地围网

C2 绿茵王者（4号）

器材准备：

1. 1.5 米 ×0.8 米的便携场地围网 28 个。
2. 4 号足球每人 1 个。

使用建议：

使用围网完成 1 个 12 米 ×9 米的场地活动区域。

游戏规则　Game Rules ▶▶▶

- 将所有小朋友扮成警察组、偷盗者组。1 位偷盗者与 1 位警察为 1 个小组。
- 每组的警察和偷盗者每人各 1 个球，偷盗者用脚带球，警察用手持球，尝试打中偷盗者脚下的足球。
- 若警察打中偷盗者的足球，偷盗者出局，在场外完成 5 次双脚左右踩球后可再次进入场上继续游戏。
- 在一定时间内，双方交换角色再次进行游戏。

注意事项　Notice ▶▶▶

- 教师需提醒小朋友带球时要注意快速变向。
- 教师在场边适时提醒小朋友：带球过程记得抬头观察。

家庭小课堂

- **做一做：**
  尝试用脚踢球击中小伙伴的球。

- **想一想：**
  警察靠近你的话，应该带球往哪边跑更安全呢？

·希望篇·

控球能力

神奇宝贝

场地布置说明 Field Layout Instructions ▶▶▶

A1 便携场地围网

B1 太阳花标志碟

C2 绿茵王者（4号）

D1 雪糕标志筒

器材准备：

1. 1.5米×0.8米的便携场地围网28个。
2. 太阳花标志碟14~16个。
3. 4号足球每人1个。
4. 雪糕标志筒8~12个。

使用建议：

1. 使用围网完成1个12米×9米的场地活动区域。
2. 用标志碟标志出起点位置。
3. 场内放置4个雪糕标志筒作为障碍物。

游戏规则 Game Rules

- 小朋友们分成 4 组,分别扮演小熊猫、小乌龟、小恐龙和小青蛙,每组 3 人。
- 4 组队伍各站在场地四个角上,听到教师的指令后,每组各派出 1 名小朋友运球到场地中央(可使用双脚跳踩球、双脚内侧敲球方式前进),(可使用单脚左右扣球动作)绕过标志筒后返回起点,与第 2 名小朋友击掌后,下一位小朋友可出发。

游戏比赛 Team Games

- 将所有小朋友分成 4 组,每组在场地四角纵向排列。小朋友需要用双脚内侧敲球的方式从起点出发至雪糕标志筒位置,再以同样的方式将球运回到起点。与下一位小朋友击掌后,下一位小朋友可以出发。
- 规则 1:看看在规定的时间内,哪一组用时最短(不评判小朋友动作的标准程度)。
- 规则 2:教师可以根据小朋友动作的标准程度打分,可以完成动作,得 1 分。看看哪一组得分更多。

注意事项 Notice

- 教师需提醒小朋友:注意时刻将球保持在脚下。
- 教师可提醒小朋友:在进行首次游戏的时候,可以降低运球速度。
- 在小朋友熟悉游戏规则后,教师可以尝试让小朋友变换不同的运球方式进行游戏。

 家庭小课堂

- 做一做:
  试试在家里原地双脚内侧敲球。

- 想一想:
  运球转弯的时候,怎么做才能够更快速呢?

精灵狗搬骨头

场地布置说明 Field Layout Instructions

A1 便携场地围网

B1 太阳花标志碟

C2 绿茵王者（4号）

D2 小型标志筒

F1 小号跨栏框

器材准备：

1. 1.5米×0.8米的便携场地围网28个。
2. 太阳花标志碟30个。
3. 4号足球每人1个。
4. 小型标志筒6~8个。
5. 小号跨栏框4个。

使用建议：

1. 使用围网完成1个12米×9米的场地活动区域。
2. 4个跨栏框横向摆放。
3. 用标志碟标出终点位置。
4. 小型标志筒以1.5米距离横向放置，标注出4条通道。

游戏规则 Game Rules

- 小朋友扮演精灵狗,每人拿好"大骨棒"(足球),在标志碟对面排好队,运用左右脚把"大骨棒"(球)运到对面的"山洞"底线(标志碟处)。
- 每次运球的时候需要保护好球,然后顺利地运球躲过标志筒,再继续运球穿过跨栏框。
- 到达对岸后再以同样的方式返回。

游戏比赛 Team Games

- 将所有小朋友分成4组,在终点位置,每组放置6~8个标志碟。每组小朋友需要运球绕过标志筒,穿过山洞(跨栏框),在终点位置,将标志碟带回。
- 1位小朋友1次只能带回1个标志碟,先将所有标志碟运回的队伍获胜。

注意事项 Notice

- 游戏开始时,教师需提醒小朋友先用慢速度。通常情况下,小朋友只会熟练地使用他们的惯用脚(右或左),而教他们使用非惯用脚需要时间和细心的指导。

 家庭小课堂

- 做一做:
  尝试在没有爸爸妈妈的帮助下,自己使用左右脚配合运球。

- 想一想:
  在运球的时候为什么球总是自己跑开呢?我是不是应该用脚控制好它呢?

开阔区域红绿灯

场地布置说明 Field Layout Instructions

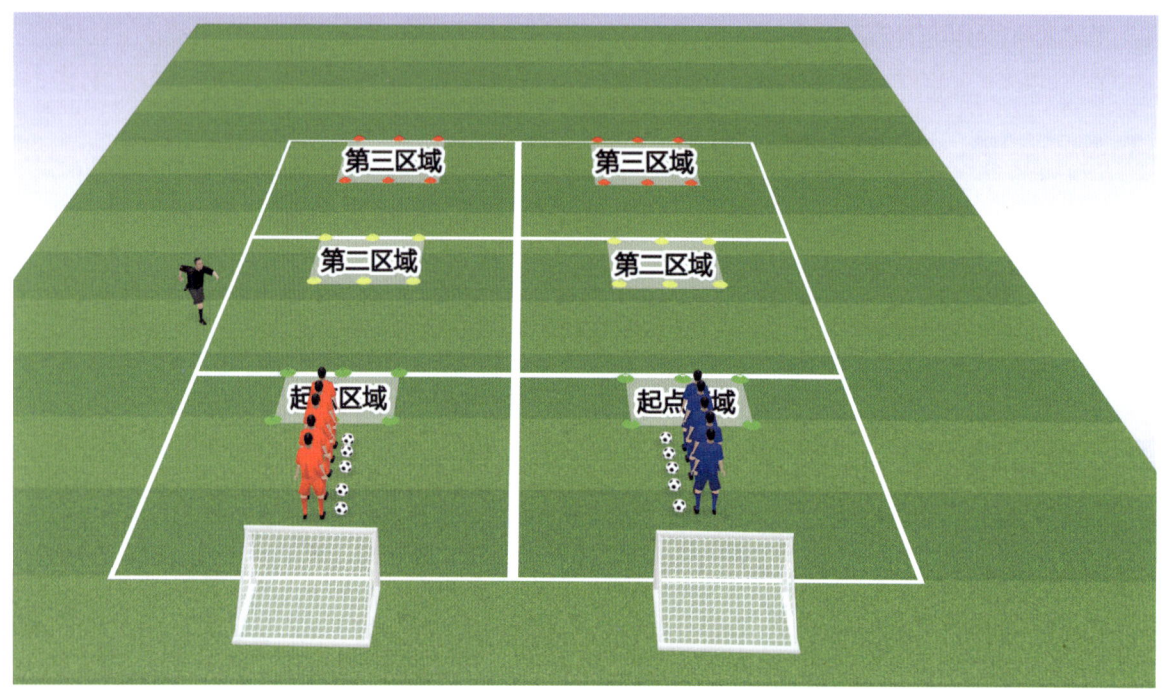

A1 便携场地围网

B2 圆形标志碟

C2 绿茵王者（4号）

D1 雪糕标志筒

G2 彼得潘之梦足球门

器材准备：

1. 1.5米×0.8米的便携场地围网28个。
2. 圆形标志碟各4~5个。
3. 4号足球每人1个。
4. 雪糕标志筒6~8个。
5. 彼得潘之梦足球门2个。

使用建议：

1. 使用围网完成1个12米×10.2米的场地活动区域。
2. 雪糕标志筒放置在场内作为障碍物。
3. 使用一色标志碟（例如绿色）作为起点区域，使用一色标志碟（例如黄色）作为第二区域，使用一色标志碟（例如红色）作为第三区域。

游戏规则 Game Rules

- 小朋友们在标记的起点后排成一列，每个小朋友 1 个球。
- 在正式开始游戏前，教师应先带领小朋友们练习拉球转身动作，保证小朋友们能基本完成此动作。
- 第一次游戏时，教师吹哨后，队列的第一个小朋友从起点出发，可从起点区域内出发带球，在第二区域拉球转身，然后回到起点区域射门（可只完成一次拉球转身动作）。
- **难度升级：** 队列的第一个小朋友从起点出发，带球到第二标记区域内，拉球转身，再带球到第三标记区域内，再次拉球转身，然后带球回到第二标记区域内，射门。完成射门后，小朋友带球回到队列后面排队。

游戏比赛 Team Games

- 教师根据场地布置说明图布置场地，把小朋友们分成 2 队。
- 队列的第一个小朋友从起点出发，带球到第二标记区域内，拉球转身，再带球到第三标记区域内，再次拉球转身，然后带球回到第二标记区域内，射门。完成射门后，得 1 分。
- 小朋友将球带至队列下一名小朋友，击掌后，下一名小朋友可以出发。
- 在规定时间内，看看哪个队伍得分更高。

注意事项 Notice

- 如果在游戏中，教师发现较多小朋友的动作不规范，则一轮游戏结束后，可再次进行拉球转身动作练习。
- 如小朋友们拉球动作较熟练后，教师可在活动区域多设置几处障碍，锻炼小朋友们的运球、控球能力。

家庭小课堂

- **做一做：**
在家里练习拉球转身动作，教会爸爸妈妈一起做！

- **想一想：**
拉球转身动作在踢小比赛的时候能够怎么帮助自己获胜呢？

运球过河

场地布置说明 Field Layout Instructions

A1 便携场地围网

A2 地滚反弹网

B1 太阳花标志碟

C2 绿茵王者（4号）

D2 小型标志筒

器材准备：

1. 1.5米×0.8米的便携场地围网28个。
2. 地滚反弹网5个。
3. 太阳花标志碟6~8个。
4. 4号足球每人1个。
5. 小型标志筒8~12个。

使用建议：

1. 使用围网完成1个12米×9米的场地活动区域。
2. 小型标志筒以相同间隔纵向放置在活动区域中间。
3. 标志碟放置在边线作为起点，且放置在相对应的边线作为终点线。
4. 地滚反弹网放置在与起点对面的边线底部处。

游戏规则 Game Rules

- 小朋友们拿好球在起点（标志碟标记）前排好队，交替用左右脚带球绕过标志筒把球运到终点线（标志碟标记），到达终点线后再以同样的方式返回。
- **难度升级**：小朋友们拿好球在起点（标志碟标记）前排好队，交替用左右脚带球绕过标志筒，踩停足球后，瞄准地滚反弹网踢球，球反弹后，将球绕过标志筒带回起点线。

游戏比赛 Team Games

- 将所有小朋友分成5组，每组在标志碟标出的起点处纵向排队。
- 教师吹哨后，每组小朋友带球出发，绕过障碍物，到达标志终点线后，将球踢向反弹网，后带球绕过障碍物回到起点与下一位小朋友击掌，下一位小朋友可带球出发。
- 看看哪一队在最短的时间可以完成。

注意事项 Notice

- 教师需提醒小朋友用脚运球的时候尽量左右脚并用（可以以走路的速度来带球）。
- 教师需要让小朋友们意识到要把球保护在脚下，运球时要抬头观察。
- 在小朋友熟悉游戏规则后，教师可以让小朋友在运球的时候增加以下动作：双脚跳踩球前进、双脚内侧敲球前进、单脚左右变向运球。

家庭小课堂

- **做一做**：
向爸爸妈妈展示游戏中新学的动作，跟爸爸妈妈一起玩这个游戏！

- **想一想**：
怎么才能把新动作做好呢？

主题九

传球能力
FOOTBALL (PASSING AND RECEIVING)

◎ HUP HUP SPORTS CENTER ◎

动态传接球

场地布置说明 ▸ Field Layout Instructions ▸▸▸

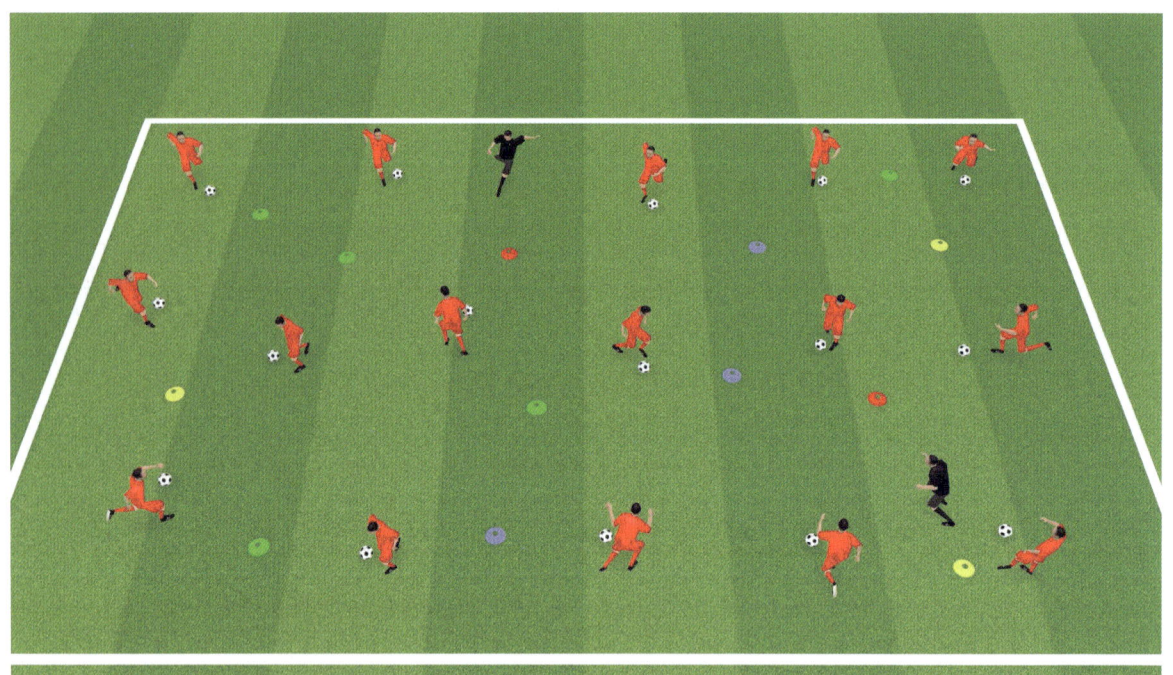

A1 便携场地围网

B1 太阳花标志碟

C2 绿茵王者（4号）

器材准备：

1. 1.5 米 ×0.8 米的便携场地围网 28 个。
2. 太阳花标志碟 12~16 个。
3. 4 号足球每人 1 个。

使用建议：

1. 使用围网完成 1 个 12 米 ×9 米的场地活动区域。
2. 标志碟摆放在游戏区域内。

游戏规则 Game Rules ▸▸▸

- 挑出 2 名小朋友扮演小花猫，其余小朋友扮演灰老鼠。
- 游戏开始，有"奶酪"（球）的灰老鼠在场内"拿着奶酪"（自由运球）活动（足球数量比米老鼠少 2 个）。游戏过程中，灰老鼠要小心避开场内的"老鼠夹"（标志碟），碰到"老鼠夹"的灰老鼠要离开场内，在场边观看其他小朋友游戏。
- 每 5 秒，灰老鼠间要相互完成一次"传送食物"（传球），小花猫要看准时机截断球，不让灰老鼠们"把食物运回家"。

注意事项 Notice ▸▸▸

- 教师需教导小朋友传接球时注意与同伴的呼应，同时使用脚内侧传球。
- 教师需鼓励小朋友在带球时发挥想象力，多使用之前学习过的变向、转身等技术。

家庭小课堂

- **做一做：**
  和小伙伴踢球时，接球 2 分钟内要把球回传给队友。

- **想一想：**
  把球踢向队友前方还是正对队友移动位置好？

抢圈游戏

场地布置说明 Field Layout Instructions ▸▸▸

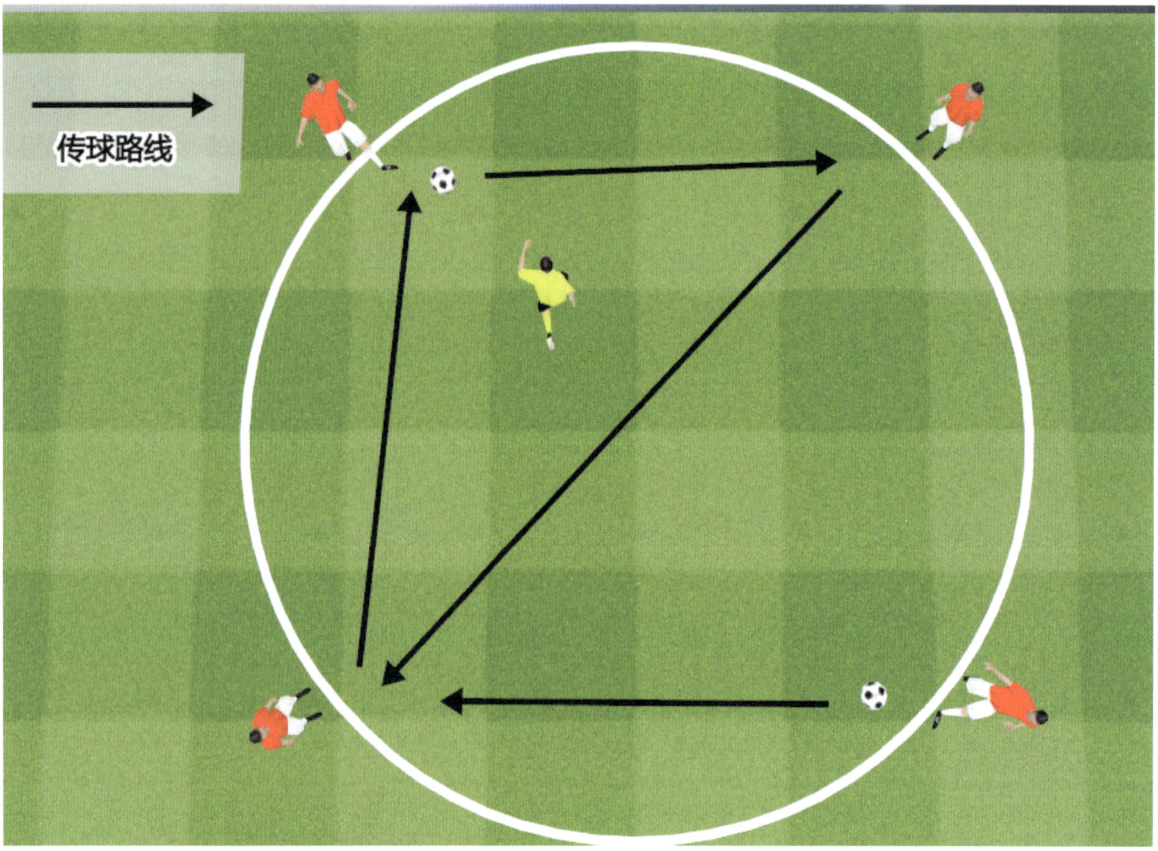

传球路线

A1 便携场地围网

B2 圆形标志碟

C2 绿茵王者（4号）

D1 雪糕标志筒

器材准备：

1. 1.5 米 ×0.8 米的便携场地围网 28 个。
2. 圆形标志碟 6~8 个。
3. 雪糕标志筒 14~16 个。
4. 4 号足球 6~8 个。

使用建议：

1. 使用围网完成 1 个 12 米 ×9 米的场地活动区域。
2. 雪糕标志筒围成 2 个直径 3 米的游戏区域。
3. 标志碟标出学员站立位置。

游戏规则 Game Rules ▶▶▶

- 将小朋友分成 2 组，每组 5 名小朋友，2 组小朋友在各自的圆圈区域内游戏。
- 选出 1 名小朋友扮演小顽童，其余 4 名小朋友在圆圈内"吹泡泡"（互相传球），2 人 1 个足球。
- 游戏开始，小朋友自由"吹泡泡"（传球），小顽童要"打破泡泡"（截断小朋友之间互相传递的足球），被截断的足球会被踢出场外。直到该组内没有球，游戏结束。
- 第一位被截断足球的小朋友在下一轮游戏中要扮演小顽童。
- 游戏过程中，小朋友要运用脚内侧传接球。

注意事项 Notice ▶▶▶

- 教练需要教导小朋友之间要进行沟通交流。
- 教练需要提醒小朋友：注意观察场上空间以便选择传球位置。

家庭小课堂

- 做一做：
  小朋友传球给小伙伴的时候，要抬头观察小伙伴的位置。

- 想一想：
  当小朋友扎堆时，带球好还是传球更好呢？

你传我接

场地布置说明 Field Layout Instructions

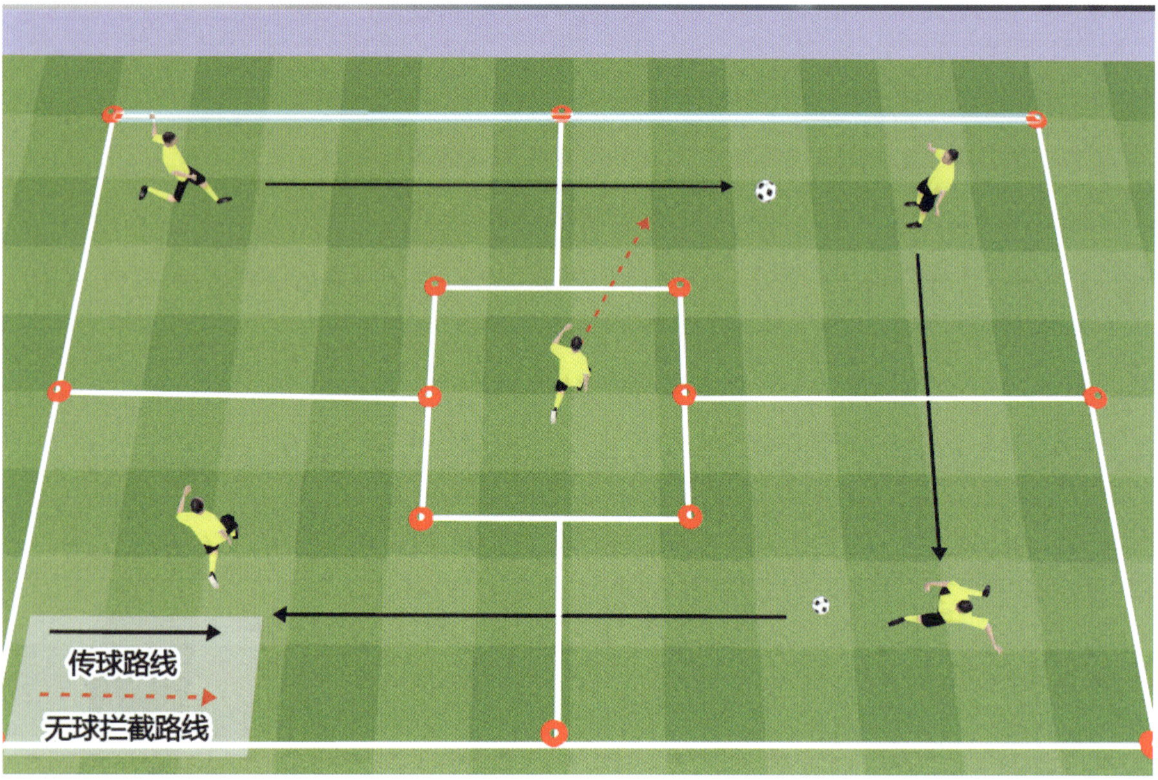

传球路线
无球拦截路线

A1 便携场地围网

B2 圆形标志碟

C2 绿茵王者（4号）

D2 小型标志筒

希望篇

器材准备:

1. 1.5 米 ×0.8 米的便携场地围网 28 个。
2. 圆形标志碟 8~12 个。
3. 小型标志筒 8~12 个。
4. 4 号足球每组 1 个。

使用建议:

1. 使用围网完成 1 个 12 米 ×9 米的场地活动区域。
2. 用标志筒围成较大的方形游戏区域,在大区域中间用标志碟围成 1 个较小的方形区域。根据小朋友数量设置不同数量的方形区域。

游戏规则 Game Rules ▶▶▶

- 每 1 组 5 个人,按照小朋友数量分成 5~6 组。
- 先挑选 1 名小朋友站在小方形区域内,其余 4 名小朋友各站在大方形区域的 4 个对角位置上传接球。
- 站在小方形区域的人,需要在其余 4 位小朋友传接球的时候截球。
- 被截球的小朋友需要与站在小方形区域的人换位置,变成下一个截球者。

注意事项 Notice ▶▶▶

- 教师可提醒小朋友:接球后要调整姿势使身体面向队友,这样可以观察到整个场地。
- 教练需要提醒小朋友:必须时刻注意观察球的前进路线。

- **做一做:**
  要接住小伙伴的传球时,小朋友要跑动起来做好接球准备。

- **想一想:**
  在足球场上没有球的小朋友需要跑动吗,跑动重要吗?

精准传球

场地布置说明 Field Layout Instructions

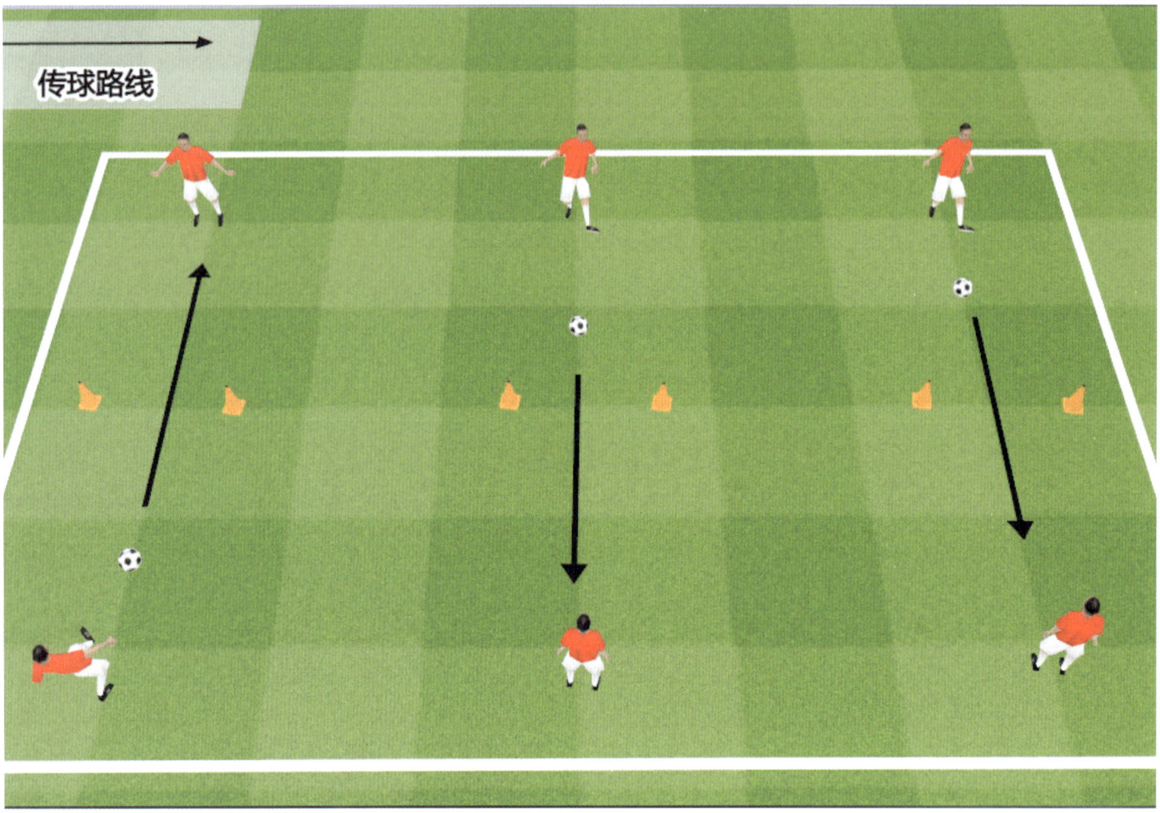

A1 便携场地围网

B1 太阳花标志碟

C2 绿茵王者（4号）

D1 雪糕标志筒

器材准备：

1. 1.5 米 ×0.8 米的便携场地围网 28 个。
2. 太阳花标志碟 4~8 个。
3. 4 号足球 2 人 1 个。
4. 雪糕标志筒 20~30 个。

使用建议：

1. 使用围网完成 1 个 12 米 ×9 米的场地活动区域。
2. 方形区域中间横向放置标志筒，每 2 个标志筒相隔 1.5 米，2 个标志筒形成 1 个水池。可根据学员数量摆放不同数量的水池。

游戏规则 Game Rules ▶▶▶

- 小朋友们扮演小象，2 只小象为 1 组，相距 5 米，在"水池中"（场内）互相传球。
- 2 只小象传球路线之间摆 2 个标志筒，标志筒间隔 1.5 米。
- 运用脚内侧相互传接球，传球必须从标志筒中间穿过。

注意事项 Notice ▶▶▶

- 教师可以在课堂上增添小惩罚：小朋友传球没穿过标志筒或者碰到标志筒的，可以有小惩罚（原地深蹲、原地转圈等）。
- 教师需教导小朋友用前脚掌推传球或脚内侧来传球。

 家庭小课堂

-  做一做：
  传球前先助跑，在确保速度的同时练习准确度。

- 想一想：
  快跑还是慢跑更有利于传球呢？

穿越火线

场地布置说明 Field Layout Instructions ▶▶▶

A1 便携场地围网

C2 绿茵王者（4号）

器材准备：

1. 1.5米×0.8米的便携场地围网28个。
2. 4号足球每人1个。

使用建议：

1. 使用围网完成1个12米×9米的场地活动区域。
2. 标志筒放置在场地左右两边划分出左中右3个区域。

游戏规则 Game Rules ▶▶▶

- 所有小朋友分为2队，防守队站在场地中间，拦截传球。
- 传球队分2小队分别站在场地边界，其中一侧的小朋友每人都有1个球，另外一队小朋友等待传球。其中一侧小朋友传球穿过中间防守小朋友，传给另一侧小朋友，成功穿过得分。一轮结束后交换位置。
- 需要用脚内侧（脚弓）传球：传球时需要两腿间分开一球距离，支撑腿向着传球方向，膝关节微弯，传球脚要从后往前摆动发力。

注意事项 Notice ▶▶▶

- 教师可以通过增强中间防守队员的防守力度从而增加游戏难度。
- 教师需要提醒传球队队员要抬头观察防守队队员的走向，把握时机，快速传球。

 家庭小课堂

- 做一做：
  向爸爸妈妈描述这个游戏怎么玩，让爸爸妈妈一起玩。

- 想一想：
  假如传球力量不够我们该怎么调整呢？

传球能力

面对面螃蟹绕圈

场地布置说明 Field Layout Instructions

A1 便携场地围网

C2 绿茵王者（4号）

D1 雪糕标志筒

器材准备：

1. 1.5 米 ×0.8 米的便携场地围网 28 个。
2. 4 号足球 2~4 个。
3. 雪糕标志筒 4 个。

使用建议：

1. 使用围网完成 1 个 12 米 ×9 米的场地活动区域。
2. 活动区域四角放置雪糕标志筒各 1 个。

游戏规则 Game Rules ▶▶▶

- 4 名小朋友站在场地的四角，与标志筒相距 0.5 米。
- 可先进行无球练习热身（所有走动都需要在标志筒外侧进行）：小朋友学习螃蟹如何走路，绕着场地四角横向前行。
- 有球练习（所有跑动都需要在标志筒外侧进行）：
  1 人在起点模仿螃蟹带球沿逆时针方向跑动，其余 3 名小朋友同时模仿螃蟹逆时针方向跑动；当运球小朋友将球带到雪糕标志筒附近，将球传给下一位小朋友。接球的小朋友在接球后需要继续模仿螃蟹姿势跑动运球，直至将球传给下一名小朋友。
- **难度升级：** 站在对角线的 2 人模仿螃蟹跑动，带球沿逆时针方向跑动，其余 2 名小朋友同时模仿螃蟹逆时针方向跑动；当运球小朋友将球带到雪糕标志筒附近，将球传给下一位小朋友。接球的小朋友在接球后需要继续模仿螃蟹姿势跑动运球，直至将球传给下一名小朋友。

注意事项 Notice ▶▶▶

- 教师需提醒小朋友要计算好时间，在恰当的时间绕标志筒跑动，以便于在正确的时机接球。
- 教师需提醒小朋友绕标志筒跑动时，要保持身体面向场地中间，这样既能看见球也能看见其他队友。
- 教师需指导小朋友练习脚步移动，通过模仿"螃蟹步"，横向快速移动并且及时调整位置便于接球。

 家庭小课堂

- **做一做：**
  爸爸妈妈传球给小朋友，小朋友接球后需要跑动运球绕标志筒一圈。

- **想一想：**
  绕标志筒跑动时身体应面向哪里？

 HUP!HUP!

勇往直前

场地布置说明 Field Layout Instructions ▶▶▶

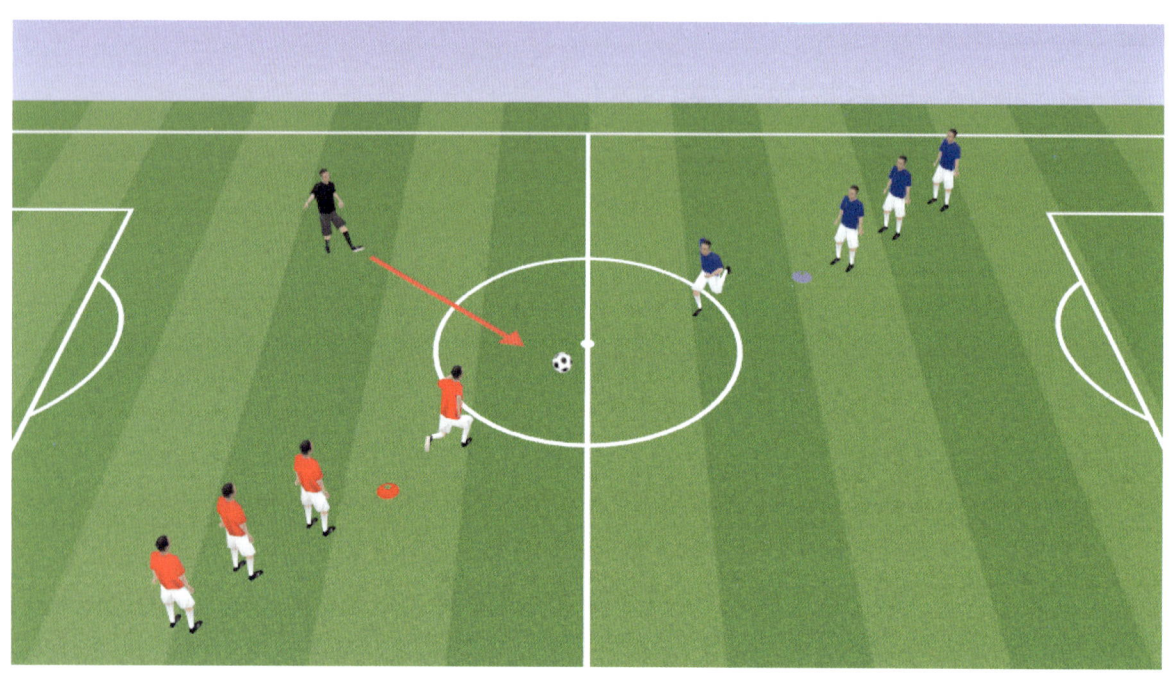

A1 便携场地围网

B1 太阳花标志碟

C2 绿茵王者（4号）

器材准备：

1. 1.5米×0.8米的便携场地围网28个。
2. 太阳花标志碟6~8个。
3. 4号足球1个。

使用建议：

1. 使用围网完成1个12米×9米的场地活动区域。
2. 用标志碟标出起点位置。

游戏步骤 Game Steps

- 将小朋友分成 2 组，每组 4 人，分别站在场地斜对角线上。
- 听到教师指令后，站在前排的小朋友需要往场地中间跑，教师同时给球。
- 碰到球的小朋友用脚内侧将球传回给教师后，快速跑回队尾重新排队。

游戏规则 Team Rules

- 根据游戏规则，碰到球的一队，记 1 分。
- 在 3 分钟内，看看哪一组获得更多的分数。

注意事项 Notice

- 游戏开始前，教师要提醒小朋友注意力集中，听口令出发。
- 教师可提醒小朋友：可以使用前脚掌传接球、脚内侧传球。

- 做一做：
  让爸爸给球，你和妈妈抢球，看看谁能抢到球。

- 想一想：
  如果你是教师，发出什么样的数字指令会让游戏更好玩呢？

方格接力

场地布置说明 Field Layout Instructions ▶▶▶

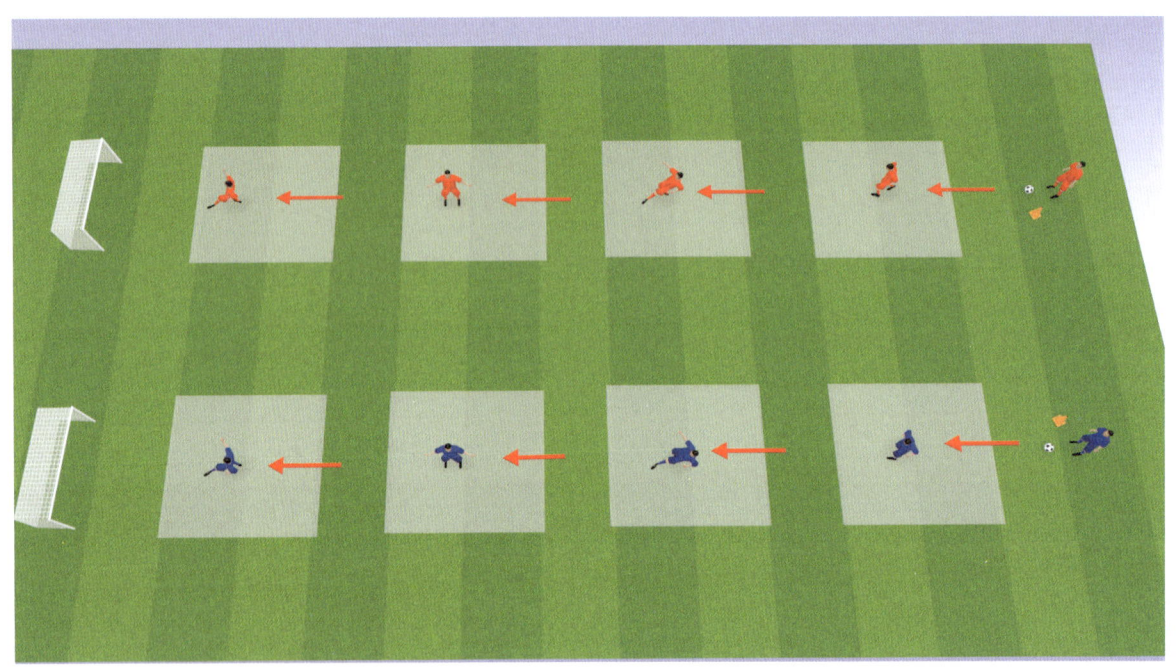

A1 便携场地围网

C2 绿茵王者（4号）

D2 小型标志筒

F2 中号跨栏框

G1 幼儿安全足球门

器材准备：

1. 1.5米×0.8米的便携场地围网28个。
2. 4号足球每队1个。
3. 小型标志筒24个。
4. 中号跨栏框8个。
5. 幼儿安全足球门2个。

使用建议：

1. 使用围网完成1个12米×9米的场地活动区域。
2. 用小型标志筒放置四角形成方框。
3. 将中号跨栏框间隔放置5个人中间。
4. 用小型标志筒标出起点与终点。

· 希望篇 ·

游戏步骤 Game Steps ▶▶▶

- 5 名小朋友为 1 组，1 人在起点传球，1 人在终点接球，其他 3 人分别站在中间的方框内。
- 听到哨声后，起点处的小朋友开始往前传球，第一个方框内的小朋友需要接住传过来的球，并把球踢给第二个方框内的人，以此类推，方框内的队员不能踏出方框。
- **难度升级**：将中号跨栏框间隔放置在 5 个人中间，小朋友需要将球通过跨栏框传给下一个人。

游戏规则 Team Rules ▶▶▶

- 将所有小朋友分成 2 组，在终点线处分别放置 2 个足球门。所有队伍传球时必须要通过跨栏框，传给下一个小朋友（如未通过跨栏传球则算无效，需从第一个人重新开始传球）。
- 当队伍最后一个人接到球后，将球射入门框。射门后得 1 分。
- 看看在规定时间内，哪一队的射门得分比较高。

注意事项 Notice ▶▶▶

- 教师引导并帮助小朋友形成主动思考问题的习惯（如思考怎样可以更快地完成每一次传接球）。
- 教师需要提醒小朋友注意传球动作：可以使用前脚掌推传接球、脚内侧（脚弓）传球。

家庭小课堂

- **做一做**：
  在家里摆个小球门，让爸爸当守门员，试试看能不能把球射进球门里？

- **想一想**：
  在射门的时候应该用脚的哪个部位呢？

传球能力

-177-

穿山洞

场地布置说明 Field Layout Instructions

A1 便携场地围网

B1 太阳花标志碟

C2 绿茵王者（4号）

F2 中号跨栏框

器材准备：

1. 1.5米×0.8米的便携场地围网 28个。
2. 太阳花标志碟 10个。
3. 4号足球每人1个。
4. 中号跨栏框 2个。

使用建议：

1. 使用围网完成1个 12米×9米的场地活动区域。
2. 活动区域中间，并排放置2个中号跨栏框。
3. 活动区域后端，放置5个标志碟围成环形作为终点，并设置2个终点。

· 希望篇 ·

游戏步骤 Game Steps ▶▶▶

- 小朋友扮演穿山甲，分成 2 组列队在起跑线，每组各派出 1 只穿山甲在终点接球。
- 队伍中的第 1 只穿山甲对准"拱门"（跨栏框）将球传过第一个跨栏框，球传到第二个跨栏框后，带球到底线，传球给终点处的小朋友，终点处的小朋友再带球直线跑回，跑回第一个跨栏框位置时，将球传给下一位小朋友（传好球的小朋友依次排到队尾做好准备等待下一次传球）。

游戏规则 Team Rules ▶▶▶

- 将所有小朋友分成 2 组，蓝队与红队。根据上面的游戏规则进行比赛。
- 比一比哪一队的速度比较快？

注意事项 Notice ▶▶▶

- 教师可以教授脚内侧（脚弓）传球的动作要点：传球时需要两腿分开，支撑腿向着传球方向，膝关节微屈，传球脚要从后往前摆动发力。
- 教师需要注意通过游戏让小朋友学会脚内侧传球的精准度和传球力度。

传球能力

家庭小课堂

- 做一做：
  回家试试有目标方向的传球吧。
- 想一想：
  哪一边的脚传得更加精准呢？

-179-

主题十

停球能力
FOOTBALL (STOPPING)

◎ HUP HUP SPORTS CENTER ◎

饥饿河马

场地布置说明 Field Layout Instructions ▸▸▸

运球路线

A1 便携场地围网

C2 绿茵王者（4号）

B1 太阳花标志碟

器材准备：

1. 1.5米×0.8米的便携场地围网28个。
2. 太阳花标志碟14~16个。
3. 4号足球每人1个。

使用建议：

1. 使用围网完成1个12米×9米的场地活动区域。
2. 标志碟摆放在场内作为障碍物。

游戏规则 Game Rules

- 小朋友扮演小河马，教师扮演饲养员。
- 小河马在场内自由"游泳"（运球），听到饲养员喊"开饭了"的指令时，小河马要跑到饲养员旁边准备"开饭"（把球运到饲养员旁边并做出停球动作）。
- 运球的时候小河马不能碰到障碍物，碰到障碍物的小河马"会没饭吃"（出局）。

注意事项 Notice

- 教师需告知小朋友运球时注意场内其他小朋友的跑向，避免发生碰撞。
- 教师要告知小朋友可使用任一停球动作（脚内侧停球、脚背外侧停球）。

家庭小课堂

- **做一做：** 把球踢给爸爸妈妈，和他们一起玩这个游戏。
- **想一想：** 身体哪些部位触球不算犯规呢？

口令停球

场地布置说明 Field Layout Instructions

A1 便携场地围网

C2 绿茵王者（4号）

B2 圆形标志碟

器材准备:

1. 1.5米×0.8米的便携场地围网28个。
2. 圆形标志碟14~16个。
3. 4号足球每人1个。

使用建议:

使用围网完成1个12米×9米的场地活动区域。

游戏规则 Game Rules ▶▶▶

- 小朋友扮演小羊,教师扮演老狼。
- 小羊问"老狼,老狼,几点了"。老狼随机回答"X点了"或规定"停球动作"(老狼提前指定相对应的动作)。
- 当老狼回答"X点了",小羊可以继续运球;当老狼回答"某一停球动作"时,小羊需要根据指定动作进行停球。
- 动作失误或动作缓慢的小羊会被淘汰,最后剩下的小羊为胜利者。
- **难度升级**:将标志碟摆放在场地四处,小朋友在区域内控球的时候不可以触碰到标志碟,碰到标志碟的小朋友也要被淘汰。切记,要小心哦!

注意事项 Notice ▶▶▶

- 教师需要留意小朋友停球动作的规范。
- 教师教授的停球动作可以有脚掌踩停球、脚内侧停球、正脚背停球。

家庭小课堂

- **做一做**:
  让爸爸传球给你,你能不能稳定地停住球。

- **想一想**:
  在游戏中我需要怎么做才能快速把球停住呢?

停球能力

"挺"过球门

场地布置说明 Field Layout Instructions

A1 便携场地围网

B2 圆形标志碟

C2 绿茵王者（4号）

F2 中号跨栏框

器材准备：

1. 1.5 米 ×0.8 米的便携场地围网 28 个。
2. 圆形标志碟 6~8 个。
3. 4 号足球每人 1 个。
4. 中号跨栏框 12 个。

使用建议：

1. 使用围网完成 1 个 12 米 ×9 米的场地活动区域。
2. 标志碟放置于起点区域。
3. 将中号跨栏框按照行进路线摆放。

游戏规则 Game Rules ▶▶▶

- 把小朋友们分成 2 组，每人拿好球分别站在球场两侧球门前的起点（标志碟标记）处排好队，每次由两队的第一名小朋友带球出发。
- 带球来到跨栏框前，停球，然后轻轻将球踢过跨栏框后，重新调整带球速度至下一个跨栏框，停球，直到绕过所有障碍物后回到起点。
- 当第一个小朋友带球出发越过第一个障碍物后，教师可让第二个小朋友带球出发。

注意事项 Notice ▶▶▶

- 教师需提醒小朋友运球的时候，尽量左右脚并用（可以用走路的速度来带球控球），运球时要注意抬头观察。
- 教师需提醒小朋友带球速度不能太快，要时刻保护好脚下的球，在合适的时候进行停球。

 家庭小课堂

- **做一做：**
  记得跟爸爸妈妈一起练习带球哦！
- **想一想：**
  你学会带球了吗？带球技巧是什么？

抢凳子

场地布置说明 Field Layout Instructions ▶▶▶

A1 便携场地围网

B2 圆形标志碟

C2 绿茵王者（4号）

D2 小型标志筒

器材准备：

1. 1.5 米 ×0.8 米的便携场地围网 28 个。
2. 4 号足球每人 1 个。
3. 圆形标志碟 14~16 个。
4. 小型标志筒 6~8 个。

使用建议：

1. 使用围网完成 1 个 12 米 ×9 米的场地活动区域。
2. 用标志碟标志出直径为 6 米的圆形。
3. 将标志筒按照圆形摆放至圆形中间。

游戏规则 Game Rules ▶▶▶

- 小朋友们扮演小熊猫，所有小熊猫都朝同一个方向运球。
- 教师随机说出一种带有翅膀的动物，小朋友继续带球跑动，当听到没有翅膀的动物的口令时，小朋友需做出停球动作。
- 把球停稳后，小朋友才能出发进圈抢"凳子"（标志筒）。
- 没有抢到"凳子"或没有停住球的小熊猫会被淘汰出局。
- 重复 3 轮后，看看还有几只小熊猫留在场内。

注意事项 Notice ▶▶▶

- 教师需提醒小朋友：在跑动的时候要留意教师的指令，并迅速做出反应。
- 教师需提醒小朋友停球时，注意周围其他小朋友的动向，避免发生碰撞。
- 教师可以提醒小朋友用脚内侧停球或者用脚背外侧停球。

家庭小课堂

- 做一做：
  与爸爸妈妈在家中尝试玩这个游戏，试试看能不能每次都抢到凳子？

- 想一想：
  在跑动的时候我是不是应该跑慢一点，出动的时候快一点呢？

珍宝岛

场地布置说明 Field Layout Instructions

A1 便携场地围网

B1 太阳花标志碟

C2 绿茵王者（4号）

D1 雪糕标志筒

D3 哈咘不倒翁

器材准备：

1. 1.5米×0.8米的便携场地围网28个。
2. 太阳花标志碟10~20个。
3. 4号足球每人1个。
4. 雪糕标志筒10个。
5. 哈咘不倒翁6个。

使用建议：

1. 使用围网完成1个12米×9米的场地活动区域。
2. 10个雪糕标志筒放置在活动场地两侧，形成2个方形区域。
3. 6个哈咘不倒翁放置在活动场地中间，形成1个圆形区域。
4. 将标志碟散落在圆形区域中。

· 希望篇 ·

游戏步骤 Game Steps ▸▸▸

- 教师向小朋友们讲解游戏规则并做出相应动作演示。
- 把小朋友们扮演成火山队和岩石队,分别站在两边的方形区域(小岛)内,每人脚踩 1 个球(船)。
- 教师吹哨后,小朋友们从自己的小岛出发,带球(开船)穿过大海到达中间的圆形区(宝岛),脚踩在球上,每个小朋友捡起 1 个宝藏(标志碟),再带球(开船)回到自己的岛屿,并把脚踩在球上(停船)。

游戏规则 Game Rules ▸▸▸

- 根据游戏规则,小朋友们每次只能捡起 1 个宝藏,放置到自己的岛屿,放置好宝藏的小朋友可以继续出发抢夺宝藏。
- 在规定时间内比一比哪队捡到的宝藏更多。

注意事项 Notice ▸▸▸

- 教师注意看小朋友们是否遵守规则,明确制止小朋友们一次捡多个宝藏的犯规行为,并给小朋友们树立守则意识(引导小朋友们树立守则观念)。
- 教师需提醒小朋友用脚掌踩停球及脚内侧、脚背外侧停球。

停球能力

 家庭小课堂

- 做一做:
  给爸爸妈妈讲一讲珍宝岛的寻宝故事,跟爸爸妈妈一起玩寻宝游戏!

- 想一想:
  怎么才能快速去到宝岛并且快速将宝藏带回自己的小岛呢?

主题十一

射门能力
FOOTBALL (SHOOTING)

◎ HUP HUP SPORTS CENTER ◎

气球大战

场地布置说明 Field Layout Instructions ▸▸▸

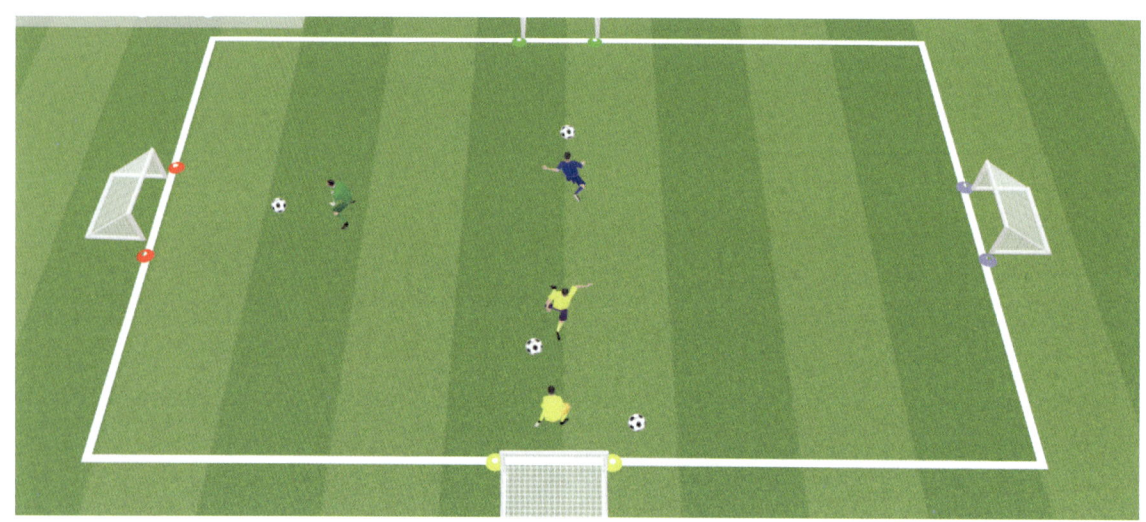

A1 便携场地围网

B2 圆形标志碟

C2 绿茵王者（4号）

G1 幼儿安全足球门

器材准备：

1. 1.5米×0.8米的便携场地围网 28 个。
2. 圆形标志碟 14~16 个。
3. 4号足球每人 1 个。
4. 幼儿安全足球门 4 个。

使用建议：

1. 使用围网完成 1 个 12 米×9 米的场地活动区域。
2. 标志碟摆放在场内作为障碍物。
3. 足球门放置在场地前后两端的底线处。

游戏规则 Game Rules

- 挑选出 4 名小朋友扮演破坏者，其余小朋友按照人数分成红、蓝、绿、黄队。
- 游戏开始，每个小朋友都有 1 个"气球"（足球），4 个队的小朋友可以自由"跑到山顶放飞气球"（把球踢进 4 个球门中的任意一个）。
- 游戏过程中，小朋友需要避开场上的标志碟障碍物，不能踢到。
- 破坏者要看准时机，截断小朋友的球，不让球"飞向天空"（踢进球门）。

游戏比赛 Team Games

- 每一个队伍对应一个球门，且每一个球门前面都有 1 个破坏者截气球（足球）。
- 小朋友每踢进 1 个球，算 1 分，被破坏者拦截的球不算分数。
- 5 分钟内，教师们计算 4 队小朋友各踢进球门的球数，看看哪一组的得分比较高。

注意事项 Notice

- 教师需提醒小朋友：需要时刻抬头观察队友位置进行配合突破，观察破坏者位置进行躲避。
- 教师需教导小朋友射门时身体姿势要保持直立或稍微向前压低，不能后仰，用脚内侧射门。
- 教师需注意在进攻时可以教导小朋友利用不同的运球技术动作躲避。

家庭小课堂

做一做：
小朋友和爸爸或妈妈两人练习短距离传球，要连续成功传球 10 次哦。

想一想：
在抢到球后，第一时间应该怎么做呢？

发射火箭

场地布置说明 Field Layout Instructions ▶▶▶

A1 便携场地围网

C2 绿茵王者（4号）

D1 雪糕标志筒

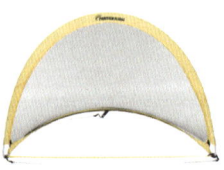
G4 半圆形足球门

器材准备：

1. 1.5 米 ×0.8 米的便携场地围网 28 个。
2. 4 号足球 每人 1 个。
3. 雪糕标志筒 2 个。
4. 半圆形足球门 2~4 个。

使用建议：

1. 使用围网完成 1 个 12 米 ×9 米的场地活动区域。
2. 标志筒放置在场地中间标出中线。
3. 在活动场地的底线放置足球门。

游戏规则 Game Rules ▸▸▸

- 根据小朋友人数分成 2 队，分别扮演火星队和水星队。
- 火星队和水星队的小朋友需要学习如何发射火箭（如何射门）。
- 在掌握脚内侧射门、正脚背射门的要点之后，小朋友可以准备发射火箭。
- 在掌握要点之后，小朋友纵向排队，进行定点火箭发射（射门），看看小朋友是否能掌握火箭发射的要领（射门要领）。

注意事项 Notice ▸▸▸

- 教师指导定点射门要领：将球放在球门正前方或者左右斜前方 5~10 米处，小朋友要加速跑，在触球的一刹那，立足脚弯曲，大腿带动小腿发力，身体前倾，进行射门。

 做一做：
用非惯用脚踢球，尽可能踢远。

 想一想：
踢球时要用哪只脚踢呢？将球踢向哪里？

HUP!HUP!

越过山丘

场地布置说明 Field Layout Instructions ▶▶▶

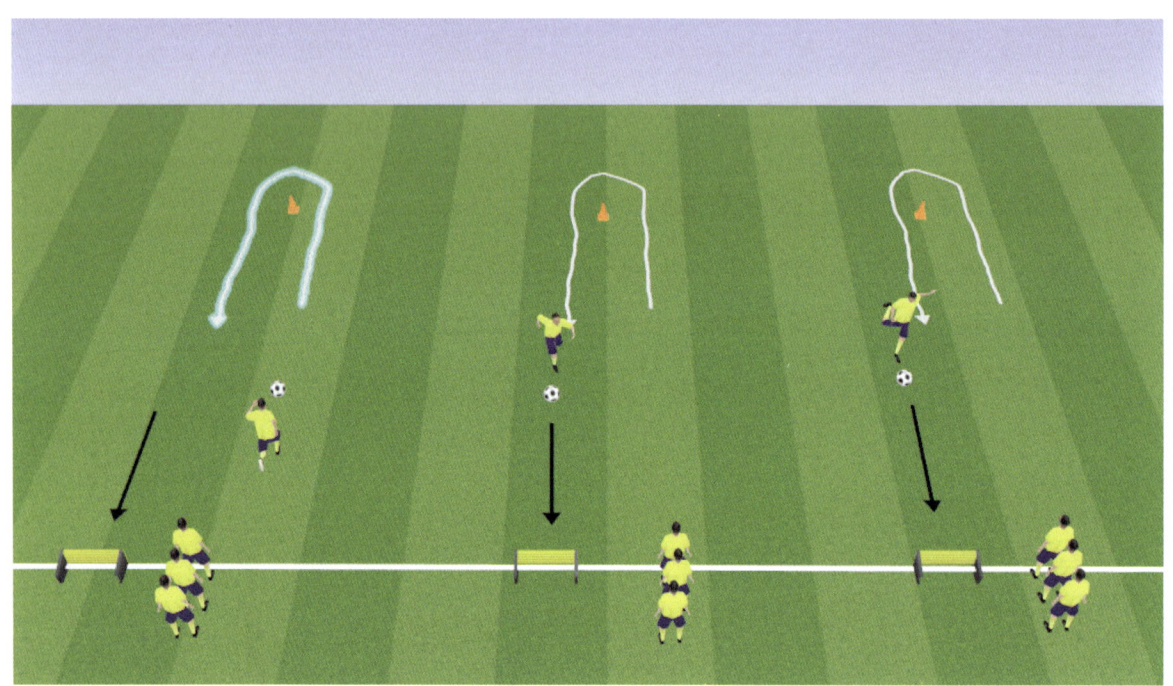

A1 便携场地围网

A2 地滚反弹网

B2 圆形标志碟

C2 绿茵王者（4号）

D2 小型标志筒

器材准备：

1. 1.5 米 ×0.8 米的便携场地围网 28 个。
2. 圆形标志碟 14~16 个。
3. 4 号足球 4~6 个。
4. 地滚反弹网 3 个。
5. 小型标志筒 12 个。

使用建议：

1. 标志碟标出起点位置。
2. 反弹网放置在场地边缘底线处。
3. 小型标志筒放置在场内作为"S"形障碍物。

游戏规则 Game Rules ▶▶▶

- 小朋友分成 3 组，在场地边缘处纵向排好队。
- 听到教师口令后，每队第一名小朋友带球出发，绕过标志筒后转身射反弹网。球反弹后，带球绕过标志筒返回原起点处，击掌后第二名小朋友出发。

注意事项 Notice ▶▶▶

- 教师在游戏过程中不强调带球动作，着重于射门动作。
- 教师需教导小朋友用脚内侧以及脚背（脚的上部）射门（踢球脚大腿带着小腿尽量向身后抬，尽量张开双腿，借以获得更大的射门力量）。

 家庭小课堂

- 做一做：
  在家试试使用正脚背进行射门。

- 想一想：
  用脚的什么部分带球转弯比较方便呢？

毛毛虫钻洞洞

场地布置说明 Field Layout Instructions ▸▸▸

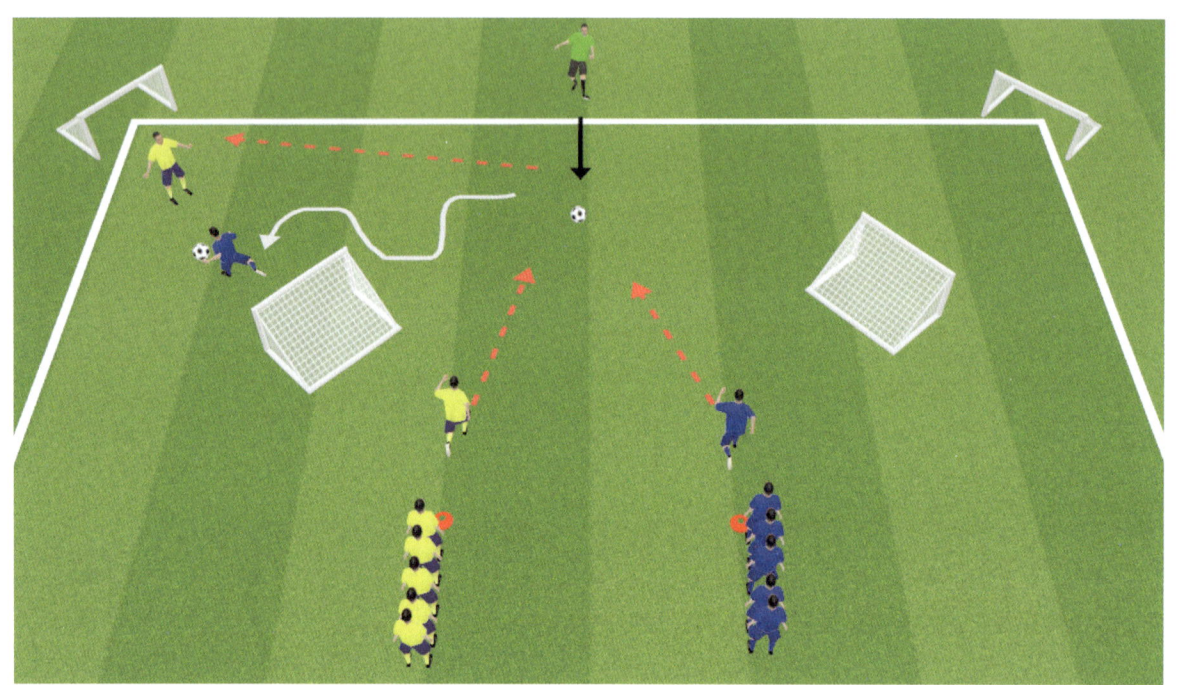

A1 便携场地围网

B2 圆形标志碟

C2 绿茵王者（4号）

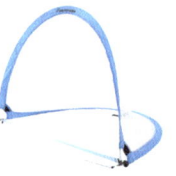

G3 半圆形足球门

· 希望篇 ·

器材准备:

1. 1.5 米 ×0.8 米的便携场地围网 28 个。
2. 圆形标志碟 6~8 个。
3. 4 号足球 8~12 个。
4. 半圆形足球门 2 个。

使用建议:

1. 使用围网完成 1 个 12 米 ×9 米的场地活动区域。
2. 标志碟放置在场地底线处标出起跑位置。
3. 足球门放置在场内左右两侧位置。

游戏规则　Game Rules ▶▶▶

- 将小朋友分成 2 组,分别扮演白毛毛虫队和黑毛毛虫队,每队 6 人,站在标志碟前纵向排好队。教师在球场的一边为小朋友发球,2 组小朋友分别站在标志碟前排好队等待教师发球。
- 当教师随机将球踢入场地内后,2 组的第一名小朋友进入场地内争抢球权。
- 获得球权的小朋友可选择任意球门进行射门,没有获得球权的小朋友要努力防守。
- 每射进一球得 1 分,得分多的组获胜,然后 2 名小朋友返回队尾等待下一次练习。

注意事项　Notice ▶▶▶

- 教师需提醒小朋友在游戏过程中需要集中注意力。
- 教师需提醒小朋友射门的时候尽量用脚内侧、正脚背射门。

家庭小课堂

- **做一做:**
  妈妈发球,小朋友和爸爸抢球,成功抢到球之后要加速带球跑动。

- **想一想:**
  如果是进攻,你应该出现在哪里帮助你的队友呢?

射门能力

-197-

穿越丛林

场地布置说明 Field Layout Instructions

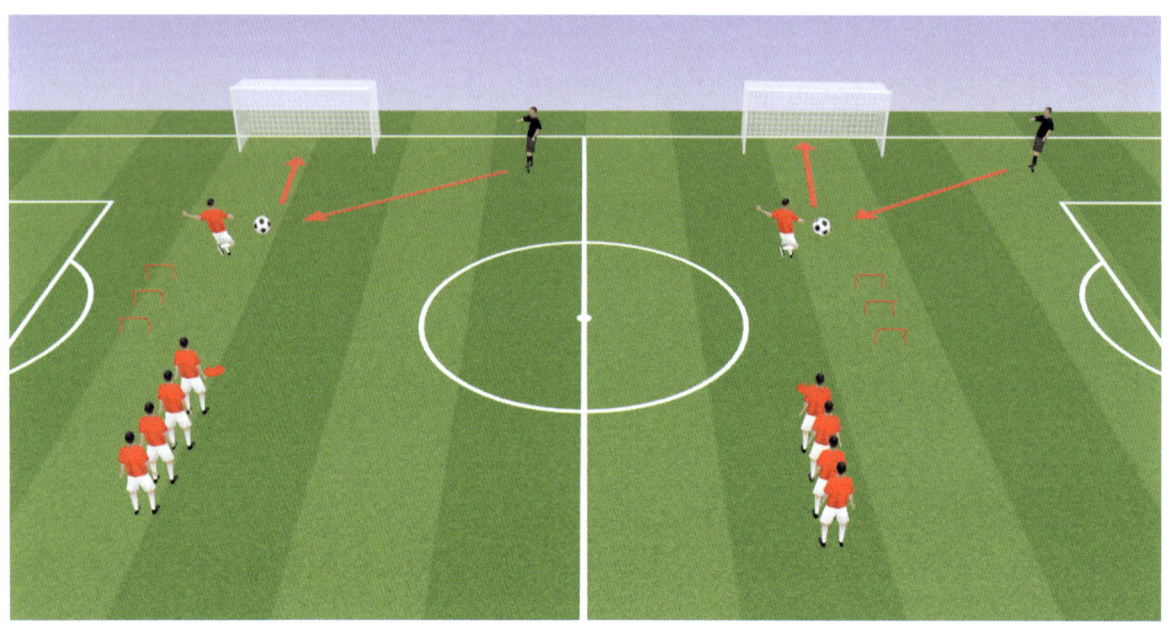

A1 便携场地围网

B1 太阳花标志碟

C2 绿茵王者（4号）

F1 小号跨栏框

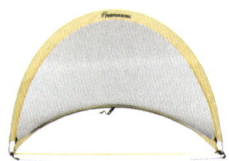

G4 半圆形足球门

· 希望篇 ·

器材准备：

1. 1.5 米 ×0.8 米的便携场地围网 28 个。
2. 太阳花标志碟 2 个。
3. 4 号足球每组 1 个。
4. 小号跨栏框 6 个。
5. 半圆形足球门 4~5 个。

使用建议：

1. 使用围网完成 1 个 12 米 ×9 米的场地活动区域。
2. 活动区域中间放置跨栏框。
3. 用标志碟标出起点位置。

游戏规则 Game Rules ▸▸▸

- 小朋友扮演小猴子，将所有小猴子分成 4~5 组，在标志碟前排纵队。
- 教师站在右前方的位置，等待传球给小猴子，当教师发出指令时，小猴子开始跳动越过"草丛"（跨栏框）。
- 到达球门前时，小猴子需大声呼叫教师"传球"，待教师将球传出后，小猴子需要将球射进球门。射门后的小猴子跑回队尾等待下一轮游戏。

注意事项 Notice ▸▸▸

- 教师需提醒小朋友在游戏中要学会呼应队友（学会呼叫"传球"）。
- 教师可以适当降低难度，将障碍物高度降低。
- 教师需提醒小朋友用脚内侧、正脚背射门。

做一做：
找一块空地，自己自由跑动，当你呼喊爸爸"传球"时，试试看自己能不能把球停住？

想一想：
怎样用正脚背射门才能更精准呢？

射门能力

射门得分

场地布置说明 Field Layout Instructions

A1 便携场地围网

B1 太阳花标志碟

C2 绿茵王者（4号）

D2 小型标志筒

D4 人形墙

G2 彼得潘之梦足球门

器材准备：

1. 1.5米×0.8米的便携场地围网28个。
2. 太阳花标志碟6~8个。
3. 4号足球每人1个。
4. 小型标志筒6~10个。
5. 人形墙4~6个。
6. 彼得潘之梦足球门2个。

使用建议：

1. 使用围网和足球门完成1个12米×10.2米的场地活动区域。
2. 标志碟标出出发位置。
3. 标志筒放置在场内射门定点。
4. 如需增加难度，可将人形墙设为障碍物，放置在出发位置与射门定点之间。

· 希望篇 ·

游戏规则 Game Rules ▸▸▸

- 根据小朋友的数量,分成 2 组或者 3 组,每组排成一列站在所标出的出发位置。
- 每个小朋友依次带球到标志筒处并完成射门(对带球速度不要求,可用走的速度带球)。
- 在完成 2~3 次无障碍带球射门后,可增加人形墙作为障碍物,每个小朋友需要带球从起点出发,呈"S"形绕障碍物到达射门区域后射门。

游戏比赛 Team Games ▸▸▸

- **定点射门比赛**
  1. 将所有小朋友扮演成小西队和小罗队,小朋友站在指定起点进行射门。
  2. 根据射入彼得潘之梦足球门的不同球门计算得分。所有小朋友射门后,累计该队得分。得分高的队伍获胜。

- **障碍射门比赛**
  1. 将所有小朋友扮演成梅西队和C罗队,每队的小朋友需要带球从起点出发,呈"S"形绕障碍物到达射门区域后射门。
  2. 根据射入彼得潘之梦足球门的不同球门计算得分。所有小朋友射门后,累计该队得分。得分高的队伍获胜。

注意事项 Notice ▸▸▸

- 教师需提醒小朋友带球时轻触足球,控制足球在身边,射门前需要助跑。
- 教师需提醒小朋友运球时抬头观察前方障碍物(小朋友要养成抬头观察的习惯)。
- 教师需教导小朋友射门注意的技巧,掌握正确的射门姿势(可以使用脚内侧、正脚背射门)。

射门能力

家庭小课堂

- 做一做:
  在家中摆设一个球门,试试射门10次,看能射进多少次?

- 想一想:
  踢球的时候应该是用脚的哪个部位呢?是不是脚的内侧呢?

神奇保龄球

场地布置说明 Field Layout Instructions ▶▶▶

A1 便携场地围网

B1 太阳花标志碟

C2 绿茵王者（4号）

D2 小型标志筒

器材准备：

1. 1.5 米 ×0.8 米的便携场地围网 28 个。
2. 太阳花标志碟 6~8 个。
3. 4 号足球每组 1 个。
4. 小型标志筒 10 个。

使用建议：

1. 使用围网完成 1 个 12 米 ×9 米的场地活动区域。
2. 标志碟标志出起始区域（场边）和第二区域（场中）。
3. 标志筒设置成保龄球三角阵型。

· 希望篇 ·

游戏规则 Game Rules ▶▶▶

- 小朋友从起始区域运球至第二区域位置，把球踢向标志筒。
- 计数踢倒多少个标志筒。
- 踢完后迅速跑到标志筒将标志筒扶起，并把球传给后面的小朋友。

游戏比赛 Team Games ▶▶▶

- 根据小朋友数量，分成3~4队。每一队小朋友从起始区域运球至第二区域位置，把球踢向标志筒。
- 计数每个小朋友踢倒多少个标志筒，累计为队内分数。
- 直到每队的小朋友都完成踢保龄球动作，累计该队得分。得分最高的队伍获胜。

注意事项 Notice ▶▶▶

- 当小朋友熟悉游戏后，教师可指导小朋友在运球的部分加入运球动作，如双脚跳踩球前进、单脚左右变向运球。
- 教师可教导小朋友射门前的最后一步稍微跨大支撑腿，站立于球的侧方，用踢球腿的脚内侧踢球的中部。射门时双手配合脚步，身体自由摆动，保持平衡。

 家庭小课堂

- 做一做：
  家里摆放一个小球门，球门前放置小板凳作为障碍物，试试看绕开障碍物把球踢进球门。

- 想一想：
  射门的时候要怎么做才能精准射中球门呢？

射门能力

-203-

时光隧道

场地布置说明 Field Layout Instructions

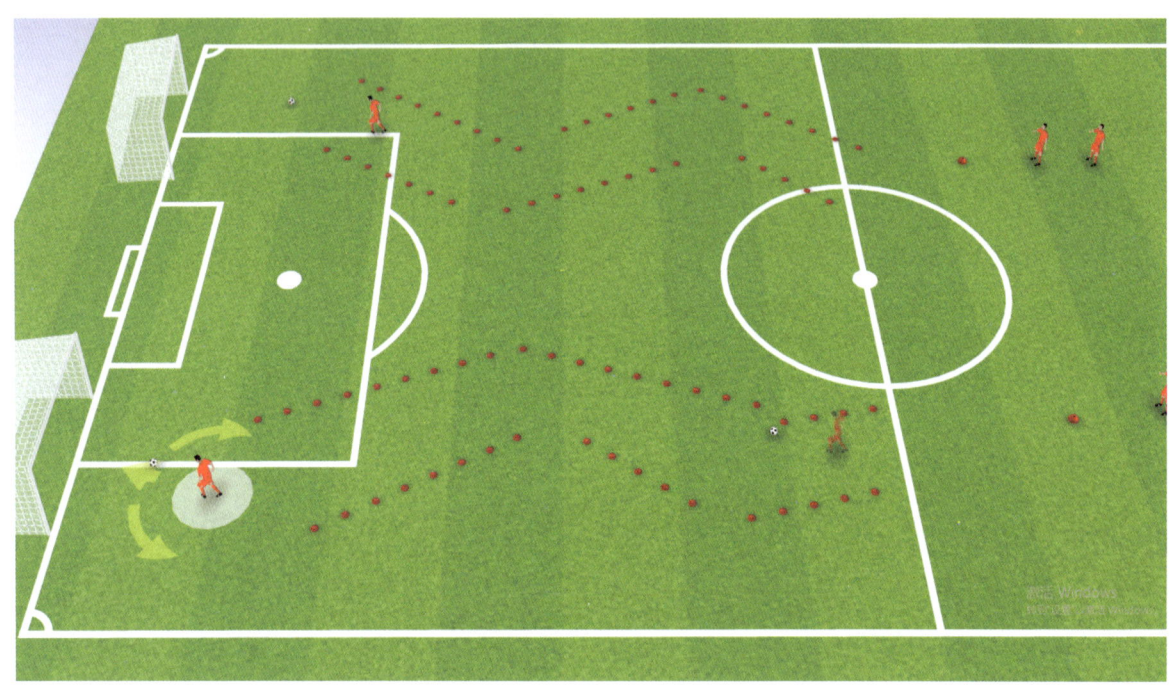

A1 便携场地围网

B1 太阳花标志碟

C2 绿茵王者（4号）

D1 雪糕标志筒

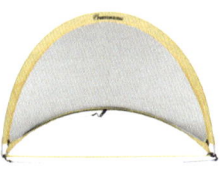

G4 半圆形足球门

器材准备：

1. 1.5米×0.8米的便携场地围网 28 个。
2. 太阳花标志碟 20~40 个。
3. 4 号足球每人 1 个。
4. 雪糕标志筒 6~10 个。
5. 半圆形足球门 2~3 个。

使用建议：

1. 使用围网完成 1 个 12 米 ×10.2 米的场地活动区域。
2. 标志碟标出前进路线。
3. **难度升级：** 雪糕标志筒放置在场内作为障碍物。

游戏规则 Game Rules

- 根据小朋友的数量,分成 2 组或者 3 组。
- 每组人纵向排队,让小朋友随着标志碟的路线带球前进,带球至标记路线末端进行射门。
- **难度升级**:每组人纵向排队,让小朋友在标记的标志碟路线内带球躲避障碍物(雪糕标志筒)前进,带球至标记路线末端射门。

游戏比赛 Team Games

- **射门比赛 1**

  根据小朋友数量分成 2 组或者 3 组,让小朋友随着标志碟路线带球前进,带球至标记路线末端进行射门,射门成功得 1 分。在相同的时间内,分数高的队伍获胜。

- **射门比赛 2**

  根据小朋友数量分成 2 组或者 3 组,小朋友在标记的标志碟路线内带球躲避障碍物(雪糕标志筒)前进,带球至标记路线末端进行射门,射门成功得 1 分。在相同的时间内,分数高的队伍获胜。

注意事项 Notice

- 教师需要指导小朋友:学会控球时使用较小的力量,将球始终控制在自己的脚边,同时小朋友会使用脚的不同部位带球。
- 教师需告知小朋友,在运球过程中不能碰到标志碟与雪糕标志筒。

家庭小课堂

- **做一做:**
  在家里摆出一条隧道,试试看能不能运着球顺利通过?

- **想一想:**
  我是不是应该左右脚配合要运球呢?

主题十二

－足球综合能力－

COMPREHENSIVE FOOTBALL GAMES

◎ HUP HUP SPORTS CENTER ◎

袋鼠宝宝

场地布置说明 Field Layout Instructions ▶▶▶

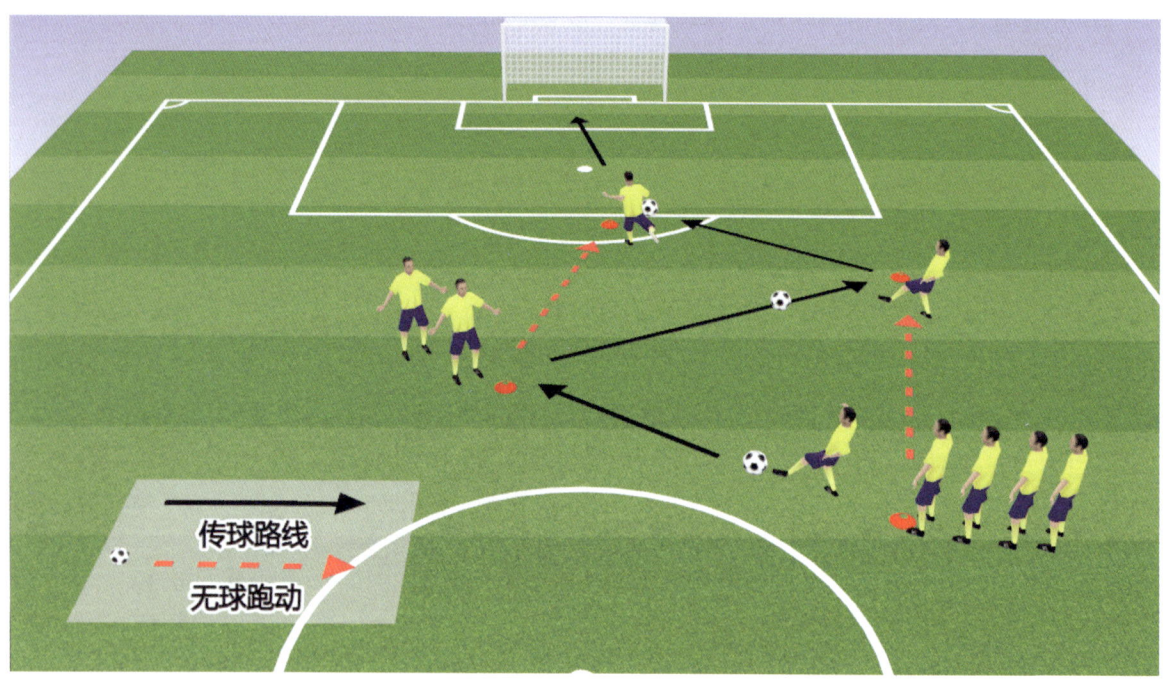

传球路线
无球跑动

A1 便携场地围网

B2 圆形标志碟

C2 绿茵王者（4号）

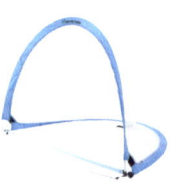
G3 半圆形足球门

· 希望篇 ·

器材准备：

1. 1.5 米 ×0.8 米的便携场地围网 28 个。
2. 圆形标志碟 14~16 个。
3. 4 号足球每组 1 个。
4. 半圆形足球门 4 个。

使用建议：

1. 使用围网完成 1 个 12 米 ×9 米的场地活动区域。
2. 标志碟标出起点位置。
3. 足球门放置在活动场地底线。

游戏规则 Game Rules ▶▶▶

- 根据小朋友数量分成 3~4 组，每组内一半小朋友扮演成传递者背对足球门站立，在标志碟后面纵向排队。每组内另一半小朋友面对足球门偏右侧站立，其余小朋友在标志碟后面纵向排队。
- 队伍中的第一名小朋友出发，将球传给第一名传递者后，迅速朝着右前方（红色箭头）方向前进，第一名传递者接球后转身向左，把球传给第一名小朋友，然后迅速跑向射门位置准备接球，射门。
- 接下来是第二名小朋友与第二名传递者出发游戏。
- 传球路线：队伍中小朋友－传递者－队伍中小朋友－传递者（射门）。

注意事项 Notice ▶▶▶

- 教师可以提醒小朋友：传球的时候需要用脚内侧传球。
- 教师可以提醒小朋友：射门前可以先在射门线处使用脚掌踩停球、脚内侧停球、正脚背停球。
- 教师可以提醒小朋友：射门需要使用脚内侧、正脚背。

家庭小课堂

- 做一做：
  试一试用非惯用脚射门。

- 想一想：
  思考一下，在比赛中什么时候传球最好呢？

足球综合能力

蚂蚁搬家

场地布置说明 Field Layout Instructions ▶▶▶

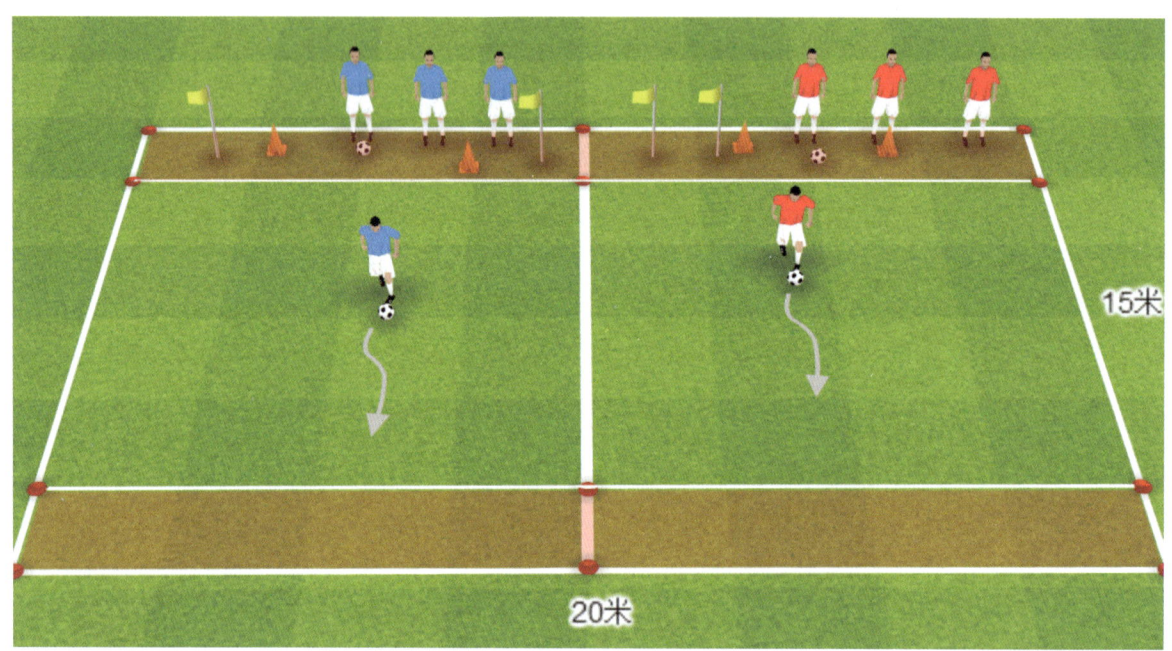

A1 便携场地围网

C2 绿茵王者（4号）

D2 小型标志筒

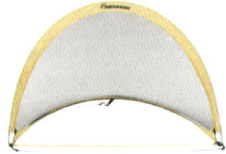

G4 半圆形足球门

器材准备：

1. 1.5米×0.8米的便携场地围网28个。
2. 4号足球每组1个。
3. 小型标志筒4~6个。
4. 半圆形足球门2~4个。

使用建议：

1. 使用围网完成1个12米×9米的场地活动区域。
2. 用小型标志筒标出起始区域与终点区域。
3. 将足球门放置在终点区域。
4. 用标志碟标志出射门定点。

游戏规则 Game Rules ▶▶▶

- 小朋友扮演小蚂蚁，根据小朋友数量分成2~4组，小蚂蚁需要将各种不同的"食物"（足球）搬运到"家中"（场地另一侧）。
- 听到"蚁后"（教师）的指令后，每组的第一个小蚂蚁同时出发，把"食物"运回"家中"（运球）。
- 小蚂蚁运球到达射门定点进行射门后，把球传回给组内的下一个小蚂蚁，下一个小蚂蚁可以出发。

游戏比赛 Team Games ▶▶▶

- 小蚂蚁们需要以接力的形式进行搬运，成功将食物搬运回家，则得1分。看看在规定时间内，哪一队能得到更多的分数呢。

注意事项 Notice ▶▶▶

- 教师需提醒小朋友运球、传球、射门时用到已经学过的动作。
- 教师可教导小朋友在自己组搬运的时候，帮其余组员加油打气。

家庭小课堂

- 做一做：
  试一试在家用脚内侧传球给爸爸妈妈。

- 想一想：
  不停球射门的情况下，你该怎么踢才能让球更准确地射入球门呢？

赶小猪

场地布置说明 Field Layout Instructions

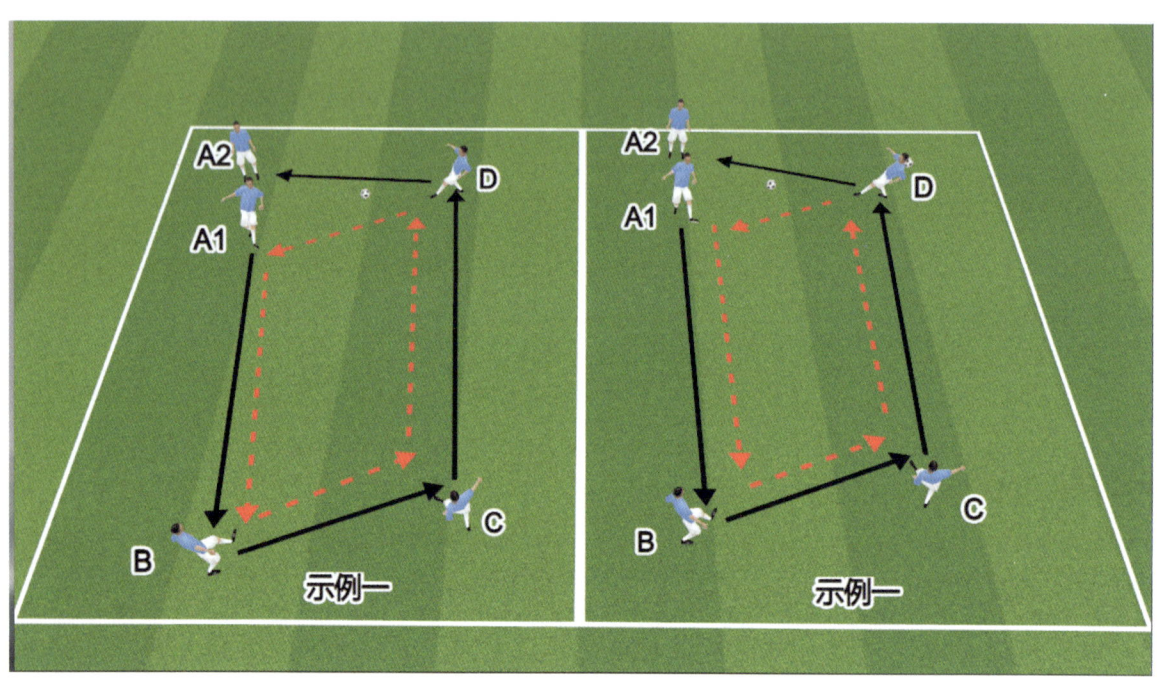

A1 便携场地围网

B2 圆形标志碟

C2 绿茵王者（4号）

D1 雪糕标志筒

· 希望篇 ·

器材准备：

1. 1.5 米 ×0.8 米的便携场地围网 28 个。
2. 圆形标志碟 14~16 个。
3. 4 号足球每人 1 个。
4. 雪糕标志筒 6~8 个。

使用建议：

1. 使用围网完成 1 个 12 米 ×9 米的场地活动区域。
2. 将标志筒放置在场地中间，将场地划分成 2 个游戏区域。

游戏规则　Game Rules

- 小朋友扮演小猪来"搬砖"（足球），根据人数扮演成"猪小宝队"和"猪小兔队"。
- 每组 5 名小朋友进行传球练习，顺序从 A1 小朋友开始。
- A1 将球传给 B 并跑向 B 代替其位置；B 接球后将球传给 C 并代替其位置；同样，C 接球后传球给 D 并代替其位置，最后 D 传球给 A2 并代替其位置，继续循环练习。
- 跑动路线：A1-B-C-D-A2-A1。
- 传球路线：示例一为 A1-B-C-D-A2-A1。
- 每位小朋友接到球后，要先停球，再传球给下一位小朋友。

注意事项　Notice

- 教师需提醒小朋友：传球后迅速跑动，小朋友位置随着球移动而变化。
- 教师需提醒小朋友：接球前采用半转身的身体姿势，保证接传球动作的连贯性。
- 教师需提醒小朋友：使用脚内侧传球。

 家庭小课堂

- **做一做：**
  用非惯用脚接球。

- **想一想：**
  接球时采用什么样的身体姿势最灵活？

足球综合能力

看颜色抢球

场地布置说明 Field Layout Instructions ▶▶▶

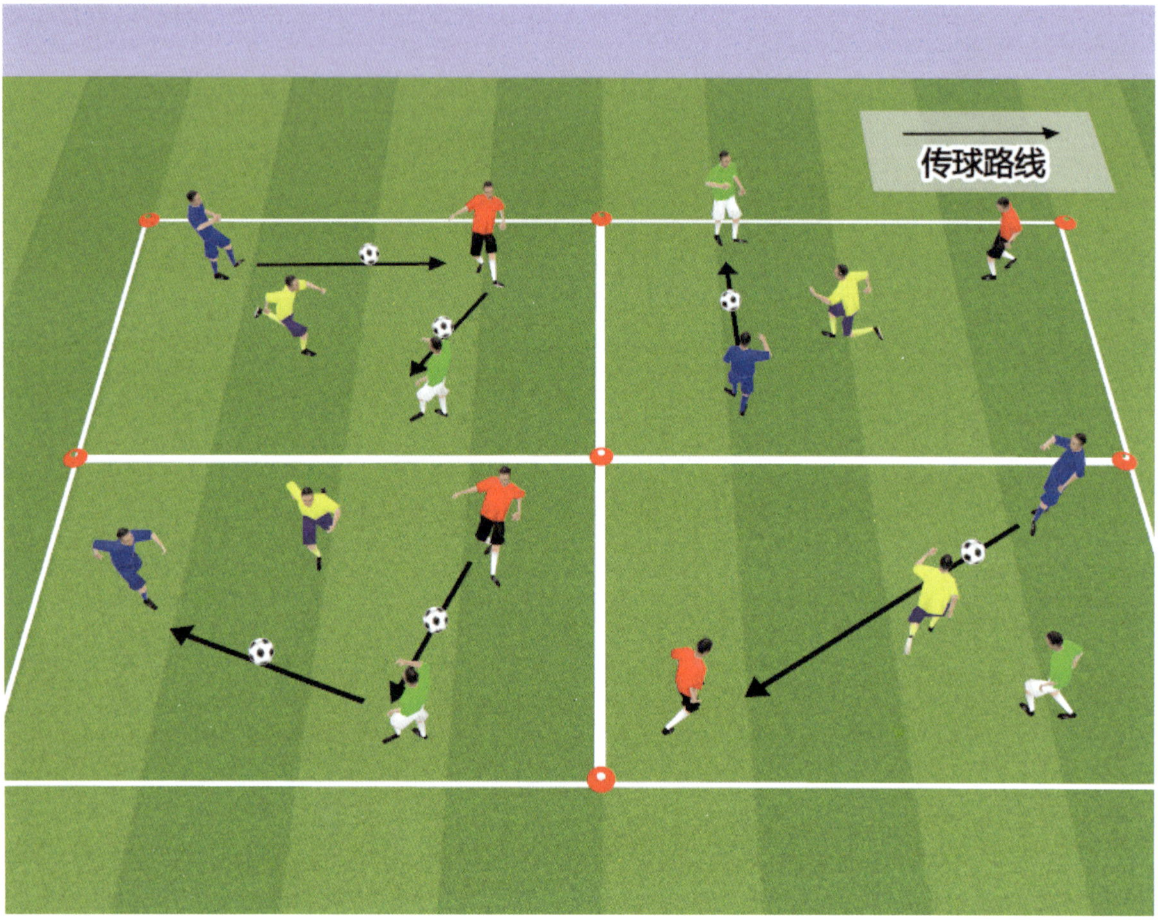

传球路线 →

A1 便携场地围网

C2 绿茵王者（4号）

D1 雪糕标志筒

希望篇

器材准备:

1. 1.5米×0.8米的便携场地围网 28个。
2. 4号足球 4~6个。
3. 雪糕标志筒 6~8个。

使用建议:

1. 使用围网完成1个12米×9米的场地活动区域。
2. 标志筒标出4个方形区域。

游戏规则 Game Rules

- 将小朋友分成4组，每组4人，每人身上贴上数字贴纸，不同数字代表不同颜色的衣服。
- 数字1代表红色，2代表蓝色，3代表绿色，4代表黄色。
- 4名身穿不同颜色训练服的小朋友为1组，每组1个足球，在一块场地内进行游戏。
- 比赛开始前小朋友之间相互传接球，传接球前先用脚停住球，再传给另外一个人。
- 当教师喊出一种颜色，例如黄色时，其余颜色的小朋友与黄色训练服的小朋友开始进行3V1对抗，黄色训练服的小朋友进行抢球，穿着其他颜色服装的小朋友需要继续传球或运球避免被抢断。
- 球被抢断后，对抗游戏结束，所有小朋友继续进行传球练习，等待教师下次口令重新开始对抗。
- 每隔1~2分钟，教师可以更换口令。

注意事项 Notice

- 在狭小空间内积极跑动创造传、接球空间。
- 传球的时候需要用脚内侧传球、前脚掌推传球。
- 停球的时候可以使用脚掌踩停球与脚内侧停球。
- 运球的时候可以使用单脚左右变向运球进行躲避。

家庭小课堂

- **做一做:**
  和小伙伴1对1抢球做假动作。

- **想一想:**
  如果自己离传球目标小朋友很远时该怎么做?

火炬传递赛

场地布置说明　Field Layout Instructions ▸▸▸

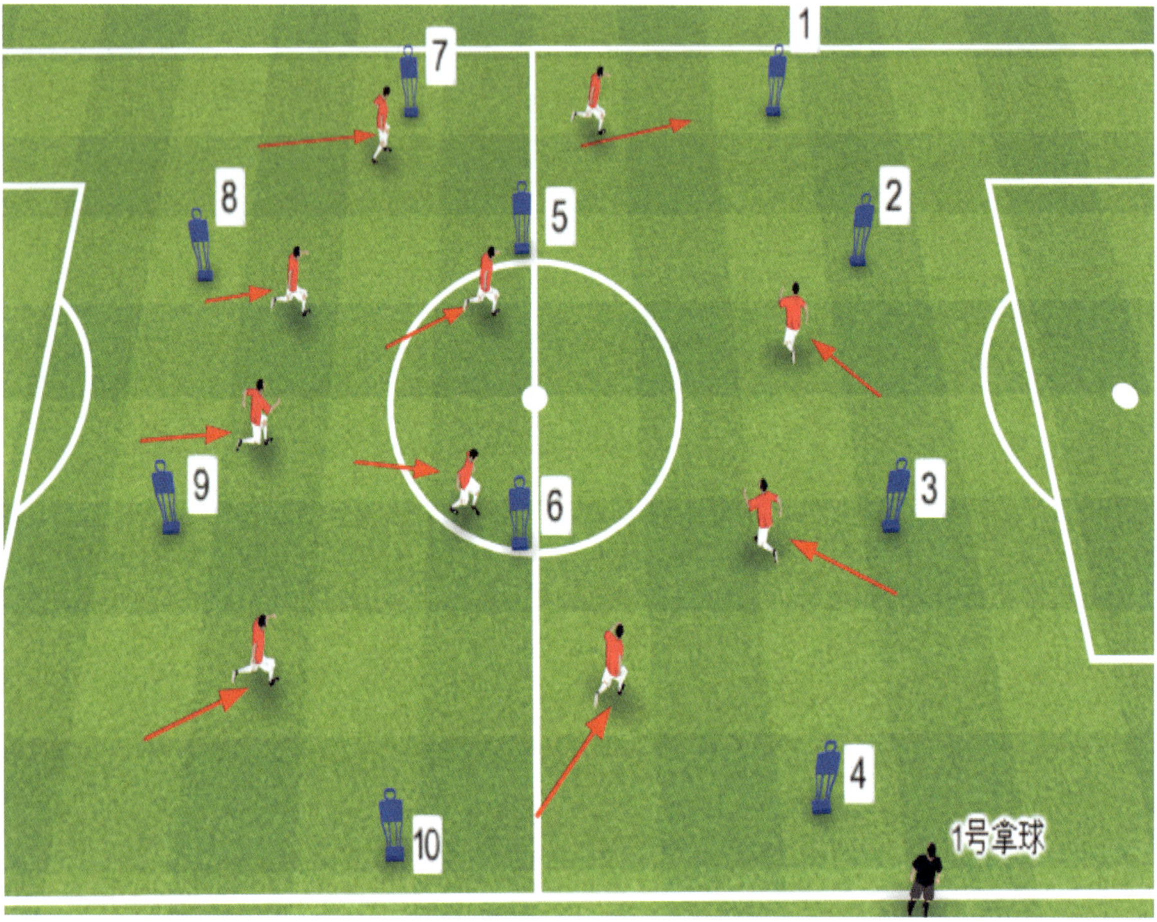

A1 便携场地围网

C2 绿茵王者（4号）

D4 人形墙

G1 幼儿安全足球门

器材准备：

1. 1.5米×0.8米的便携场地围网28个。
2. 人形墙10个。
3. 4号足球10个。
4. 幼儿安全足球门2个。

使用建议：

1. 使用围网完成1个12米×9米的场地活动区域。
2. 足球门放置在活动场地两侧。
3. 人形墙如图摆放。

游戏规则 Game Rules

- 小朋友以442阵型站位，在场地中布置10个假人模仿对手（也以442阵型排列）。
- 先挑选10名小朋友扮演克隆人，站在10个假人旁边，场上的其他小朋友身上贴上1~10的数字贴纸。
- 所有的假人以1~10排号，当教师随机喊出某个假人的号码时，对应数字贴纸的小朋友需迅速进行移动，跑向此号假人，并绕过假人，把球传给旁边的克隆人，克隆人接球后，做出停球动作，接着运球往该方向的球门进行射门。
- 传球给克隆人的小朋友需站在克隆人的位置上，接替扮演克隆人，等待下一次接球。

注意事项 Notice

- 教师需要鼓励小朋友集中注意力，听口令。
- 教师需要提醒：运球可以用脚内侧敲球前进、双脚跳踩球前进、单脚左右脚扣球、单脚左右脚变向运球。
- 教师需要提醒：射门的时候需要用脚内侧、正脚背射门。
- 教师需要提醒：传球的时候需要用前脚掌推传球、脚内侧传球。

 家庭小课堂

- 做一做：
  试试用不同的站位来练习。

- 想一想：
  面对突发情况怎么调整自己的站位？

躲避老鹰

场地布置说明 Field Layout Instructions ▶▶▶

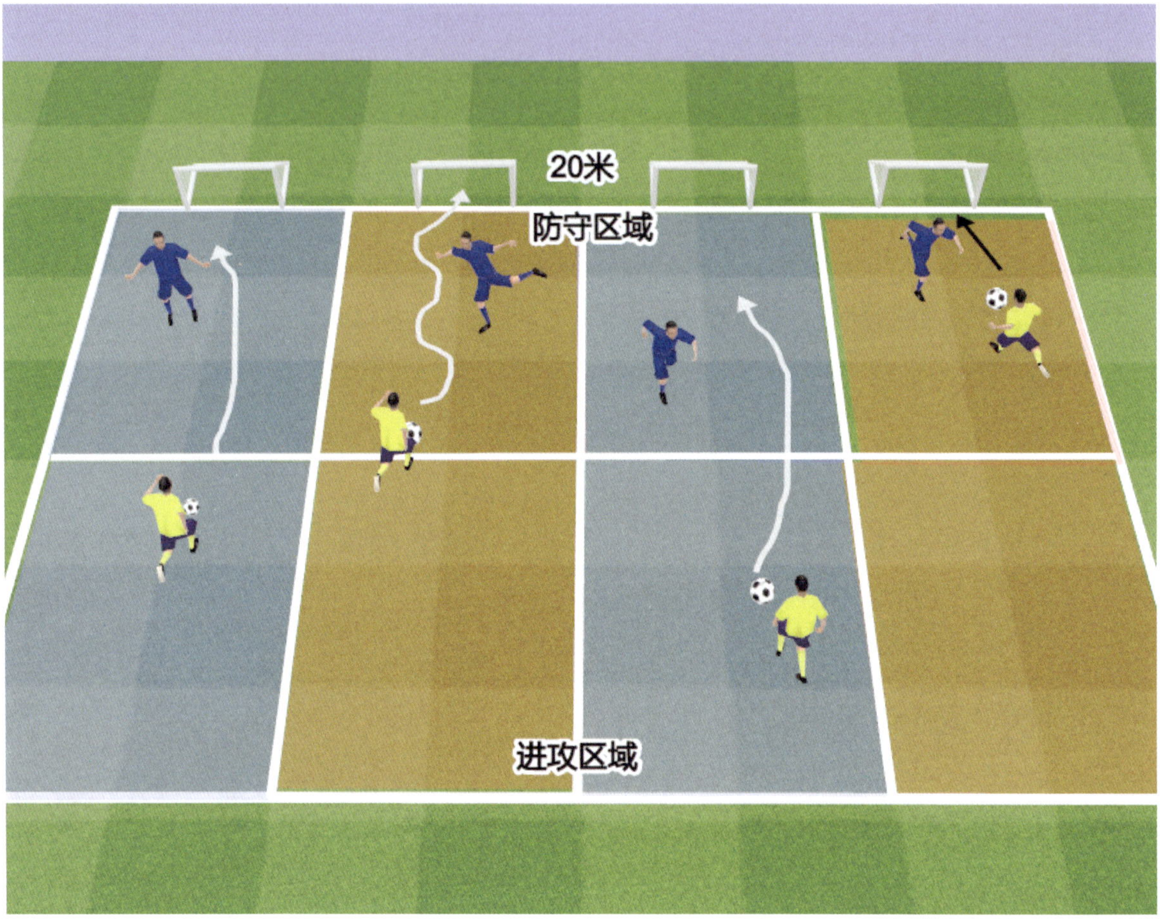

20米
防守区域

进攻区域

A1 便携场地围网

B1 太阳花标志碟

C2 绿茵王者（4号）

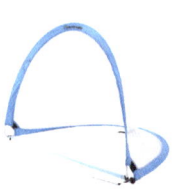

G3 半圆形足球门

器材准备：

1. 1.5米×0.8米的便携场地围网28个。
2. 太阳花标志碟14~16个。
3. 4号足球每组1个。
4. 半圆形足球门4个。

使用建议：

1. 使用围网完成1个12米×9米的场地活动区域。
2. 用标志碟将场地分成4等份（如图所示）。
3. 在4个场地的一端放置足球门。

游戏规则 Game Rules ▶▶▶

- 小朋友们开始在各自的半场进行无球练习，进攻小朋友必须突破防守小朋友的防线并到达球门，不能被防守小朋友用手拍到。如果被拍到，两名小朋友互换角色。

- 练习2分钟后，开始带球练习。一旦进攻小朋友突破防守，就要争取射门得分。断球或者射门后两名小朋友互换角色，回到起始位置，重新开始练习。

注意事项 Notice ▶▶▶

- 教师需告诉小朋友防守时抬头观察集中注意力，随时防止进攻方的进攻。

- 教师需提醒小朋友使用快速运球和控球技术动作进行变向躲避防守，使用尽量少的触球次数完成变向。

做一做：
学习让球控制在自己身边。

想一想：
当遇到抢球，怎么护球最有效呢？

无人岛开发

场地布置说明 Field Layout Instructions ▶▶▶

A2 地滚反弹网

A1 便携场地围网

B1 太阳花标志碟

C2 绿茵王者（4号）

D1 雪糕标志筒

器材准备：

1. 1.5米×0.8米的便携场地围网28个。
2. 太阳花标志碟8~10个。
3. 4号足球每组1个。
4. 雪糕标志筒6~10个。
5. 地滚反弹网4~5个。

使用建议：

1. 使用围网和足球门完成1个12米×10.2米的场地活动区域。
2. 用太阳花标志碟标出踢球线。
3. 用雪糕标志筒标出行进路线（直线行进路线）。

游戏规则 Game Rules

- 故事情节：现在有一座岛屿，岛屿里面有一座厚厚的城墙，小朋友需要带工具去打碎城墙，登上无人岛。老师带着学生们分成 4~5 队，在不同的位置打碎城墙。
- 根据班级的小朋友数量，将所有小朋友分成 4~5 组。
- 小朋友需要带球至踢球线处，将球（弹药）踢向反弹网（城墙），球反弹后，小朋友需要将球接住，然后传给下一位小朋友，下一位小朋友接到球后可带球出发。重复以上动作。
- **难度升级**：在进行一段时间的游戏后，教师可以根据小朋友对游戏的熟练程度，将游戏难度升级：将标志筒在前进方向上按"S"形摆放。小朋友需运球绕过标志筒，来到射门点进行射门。

游戏比赛 Team Games

- 将小朋友分为2组，分别扮演"食人族队"和"原始人队"，形成分组对抗赛，按照难度升级的玩法进行比赛。
- 每组第一名小朋友完成射门动作后，将球带回起点传给下一个小朋友，然后直接跑向场地左侧排好队继续观看比赛，可以给队伍中的其他小朋友加油。
- 当2组小朋友都完成游戏后，教师统计时间，用时少的一队获得胜利。

注意事项 Notice

- 将球踢向反弹网的时候，教师可以提醒小朋友用脚内侧、正脚背射门，教师需要提醒小朋友不能使用脚尖踢球。
- 传球的时候，教师需要提醒小朋友用脚内侧传球。
- 教师需要提醒小朋友：可以用脚背运球、单脚左右变向运球。
- 教师需要提醒小朋友：直线、曲线运球的时候需要将球控制在脚边。

家庭小课堂

- 做一做：
在家里练习左右脚敲球动作，教会爸爸妈妈一起做！

- 想一想：
怎么样做左右脚敲球的动作，可以将球控制在自己脚边呢？

摆脱狐狸

场地布置说明 Field Layout Instructions

A1 便携场地围网

C2 绿茵王者（4号）

D1 雪糕标志筒

G1 幼儿安全足球门

器材准备：

1. 1.5米×0.8米的便携场地围网 28 个。
2. 4 号足球每人 1 个。
3. 雪糕标志筒 15 个。
4. 幼儿安全足球门 3~4 个。

使用建议：

1. 使用围网完成 1 个 12米×9米的场地活动区域。
2. 将雪糕标志筒交错分散在活动区域内（如图所示）。
3. 将足球门放置在活动区域底线位置。

游戏规则 Game Rules

- 根据班级小朋友人数分成 3~4 组，每组 5~6 人，每一组选出 2 位小朋友扮演狐狸，其余组内小朋友扮演小鸡。
- 每组的 1 位狐狸需要观察小鸡是否完成所有动作，另 1 位狐狸需要在足球门前进行守门。
- 游戏开始时，小鸡（小朋友）需要在原地双脚跳踩球 5 次，后带球出发绕过雪糕标志筒，来到射门线时，先踩停足球，再进行射门。

游戏比赛 Team Games

- 根据班级小朋友人数分成 3~4 组，每组 5~6 人。
- 小朋友需要在起点时用双脚内侧敲球 5 次，后带球出发绕过雪糕标志筒，来到射门线前，踩停足球后射门，射进 1 球得 1 分。
- 在规定时间内，看看哪一组的小朋友得分最多。

注意事项 Notice

- 教师要注意观察小朋友的表现，保证每个小朋友都可以做出停球、运球、射门等正确动作。
- 教师可以提醒小朋友：将球射进球门的时候用脚内侧射门、正脚背射门。
- 教师可以提醒小朋友：踩停足球的时候可以用脚掌踩停球、脚内侧踩停球。
- 教师可以提醒小朋友：可以自由选择运球动作：脚背运球、单脚左右变向运球。

家庭小课堂

- 做一做：
在家里地上摆放几个塑料瓶，然后双脚内侧敲球 10 次后，运球绕过塑料瓶。

- 想一想：
玩这个游戏的时候，怎么做才能避开守门员将球射进球门呢？

哈咘哈咘 · 运动启蒙
HUP HUP SPORTS CENTER

专注为3-12岁儿童提供科学的运动启蒙培训

05 附录 APPENDIX

幼儿园足球
实操手册

附录 1 教案示例

幼儿园足球实操教案

(____学期第____周)

年　　月　　日

班级：	班级人数：	任课教师：
教学周次：		
教学主题：		
教学目标：		

部分	时间	内容	游戏组织与课堂要求	教师指导内容
第一部分	5分钟	课堂准备		
第二部分	10分钟	主题类别1		
第三部分	10分钟	主题类别2		
第四部分	5分钟	放松 布置任务		

使用器材：
课后总结：

附录2

游戏库索引

B
爆发小宇宙（P112）
保卫家园（P124）
摆脱影子（P128）
冰淇淋大作战（P130）
摆脱狐狸（P220）

C
乘胜追击（P122）
穿越火线（P170）
穿山洞（P178）
穿越丛林（P198）

D
夺宝大战（P88）
单脚跳跃过河（P92）
到湖中心（P98）
袋鼠跨栏（P114）
动态传接球（P162）
袋鼠宝宝（P206）
躲避老鹰（P216）

F
翻山越岭（P138）
方格接力（P176）
发射火箭（P192）

G
过桥（P86）
攻守城堡（P96）
赶小猪（P210）

H
海底总动员（P134）
火炬传递赛（P214）

J
进阶交通灯（P150）
精准传球（P168）
饥饿河马（P180）

K
开阔区域红绿灯（P158）
口令停球（P182）
看颜色抢球（P212）

L
狼羊大战（P104）

M
木偶提线（P126）
猫捉老鼠（P142）
瞄准宝物（P152）
面对面螃蟹绕圈（P172）
毛毛虫钻洞洞（P196）
蚂蚁搬家（P208）

N
你传我接（P166）

P
跑起来（P106）

Q
巧巧虎（P110）
全速前进（P132）
抢圈游戏（P164）
抢凳子（P186）
气球大战（P190）

R
绕弯（P90）

S
数字方块（P120）
神奇宝贝（P154）
精灵狗搬骨头（P156）
射门得分（P200）
神奇保龄球（P202）
时光隧道（P204）

T
太空大战（P140）
跳圈运粮（P144）
"挺"过球门（P184）

W
乌龟回家（P116）
我们是灵活小能手（P136）
无人岛开发（P218）

X
小猴摘桃（P100）
小鹿乱撞（P102）
小绵羊与大灰狼（P118）
寻找字母（P146）

Y
123木头人（P94）
与时间竞赛（P108）
运球过河（P160）
勇往直前（P174）
越过山丘（P194）

Z
自由口令（P148）
珍宝岛（P188）

-225-

 HUP!HUP!

附录 3

器材库

A

A1 便携场地围网　　A2 地滚反弹网

规格：高150cm×宽80cm　　规格：长100cm×高30cm×宽45cm

B

B1 太阳花标志碟　　B2 圆形标志碟

规格：直径23cm　　规格：直径20cm

D

D1 雪糕标志筒　　D2 小型标志筒

规格：高50cm×宽27cm　　规格：高23cm×宽13.5cm

D3 哈咘不倒翁　　D4 人形墙

规格：高80cm　　规格：高160cm×宽45cm

C

C2 绿茵王者（4号）

规格：周径64cm

E

E1 分队背心（黄色）　　E2 分队背心（绿色）

规格：幼儿均码　　规格：幼儿均码

F

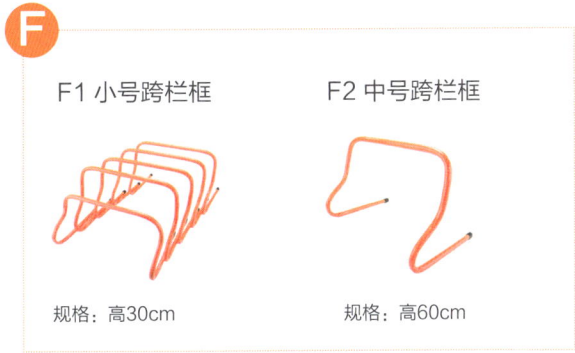

F1 小号跨栏框
规格：高30cm

F2 中号跨栏框
规格：高60cm

H

H1 敏捷梯
规格1：长4m（8节）
规格2：长6m（12节）

G

G1 幼儿安全足球门
规格：
宽120cm×高76cm×深54cm

G2 彼得潘之梦足球门
规格：
宽110cm×高80cm×深80cm

G3 半圆形足球门
规格：
宽120cm×高80cm×深80cm

G4 半圆形足球门
规格：
宽120cm×高80cm×深80cm

I

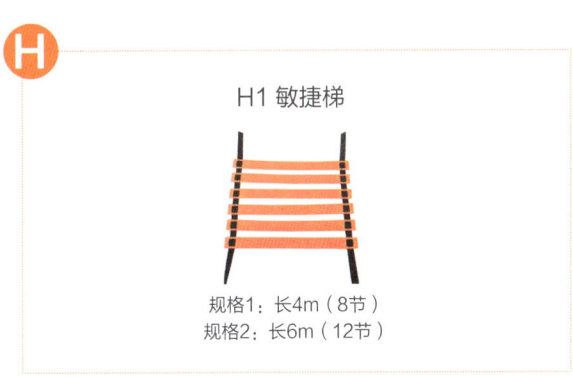

I1 足球网兜袋（红色）
规格：长1m

I2 足球网兜袋（灰色）
规格：长1m

I3 足球网兜袋（绿色）
规格：长1m

J

J1 幼儿棒球棒
规格：长42cm×直径5.8cm

参考文献

[1] 瑟菲尔特，汉本斯特里克. 模式·阶段·状态：发展运动研究模型[M]. 纽约约翰·威利父子公司，1982：309-318.

[2] 克拉克，梅特卡夫. 动作发展的山脉[J]. 基本动作发展：研究与综述，2002，2：163-190.

[3] 范雪，罗冬梅，陈皆播，等.3~6岁幼儿跑步动作发展特征及教学策略分析[J]. 体育科学，2017，37（11）：40-47.

[4] 文蕊香，姜桂萍，纪仲秋，等.3~6岁幼儿上手投掷动作发展特征研究[J]. 天津体育学院学报，2018，33（3）：217-223.

[5] 张云.3~6岁儿童动作协调能力测试方法与发展特征问题的探讨[J]. 西安体育学院学报，2010，27（5）：603-626.

[6] 佩恩，艾萨克. 全生命周期内的人类动作发展[M]. 梅菲出版社，1999.

[7] 加拉赫. 人类动作发展的解读：婴儿·儿童·青少年·成人[M]. 纽约：麦格劳希尔出版社，2006：2-3.

[8] 朱智贤，皮亚杰. 儿童思维心理学评价[J]. 北京师范大学学报，1980(1)：71-82.

[9] 陈帼眉. 实实在在地促进幼儿的发展[J]. 幼儿教育，1996(Z1)：4-5.

[10] 刘大维. 儿童动作协调能力的内涵、影响因素及其培养策略 [J]. 学前教育研究，2011(6)：45-47.

[11] 宁科. 幼儿大肌肉动作发展特征及教学指导策略[D]. 北京：北京体育大学，2016.

[12] 叶林，李寅. 我国幼儿体育教育政策的多源流分析：政策之窗的开启与推动[J]. 学术研究，2020（11）：61-67.

[13] 国民体质测定标准手册(幼儿部分)

[14] 孟现录. 儿童体适能发展需注重"点线面"结合[J]. 中国教育学刊，2017(11)：101.

[15] 武海潭. 体育课不同运动负荷组合方式对少年儿童健康体适能及情绪状态影响的实验研究[D]. 上海：华东师范大学，2014.

[16] 赵乙如. 幼儿体能训练模式对3~6岁幼儿体适能的干预研究[D]. 曲阜：曲阜师范大学，2020.

○ 哈咘哈咘使命

以运动为载体，提升儿童身心素质和幸福感。

○ 哈咘哈咘愿景

成为国际一流的儿童运动教育研发中心。

○ 哈咘哈咘价值观

坚定初心

开放包容

团结积极